이 같은 것을
금지할 법이 없느니라

성령의 열매

이 같은 것을
금지할 법이 없느니라

이재록 목사

우림

오직 성령의 열매는
사랑과 희락과 화평과 오래 참음과 자비와 양선과
충성과 온유와 절제니
이 같은 것을 금지할 법이 없느니라

갈 5:22~23

그리스도인의 진정한 자유를 위하여
금지할 법이 없는 성령의 열매

　누구나 자기가 속한 환경 속에서 지켜야 할 규율이나 규칙이 있습니다. 이러한 법이 자신을 얽어매는 사슬처럼 느껴진다면 마음이 고통스럽고 눌림으로 다가올 것입니다. 그렇다고 해서 방탕함과 무질서를 좇는다면 그것은 자유가 아닙니다. 오히려 그 시간을 보낸 후에는 허무함만 남고, 결국 마지막에는 영원한 사망이 기다리고 있기 때문입니다.

　참 자유는 바로 영원한 사망으로부터 놓임받고, 모든 눈물과 슬픔과 고통으로부터 해방되는 것입니다. 또한 이러한 것을 가져다주는 근본을 제어하고 정복할 수 있는 힘을 얻는 것입니다. 사랑의 하나님께서는 우리가 어떤 이유로도 눌리거나 고통받는 것을 원치 않으시므로, 영원한 생명과 참 자유를 누릴 수 있는 법을 성경 안에 기록해 놓으셨습니다.

이 세상의 법을 어긴 사람은 경찰을 보면 놀라서 가슴이 철렁 내려앉을 것입니다. 하지만 법을 잘 지키는 사람은 경찰이 있어도 아무 상관이 없고 필요할 때 도움을 요청할 수 있으니 오히려 가까이 있는 것이 더 든든하지요. 이와 마찬가지로 진리 안에 사는 사람은 하나님의 법이 사랑과 축복의 통로임을 알기에 두려움이 없고 진정한 자유를 누립니다. 마치 넓은 바다를 헤엄치는 고래와 같이, 푸른 하늘을 비상하는 독수리와 같이 마음껏 자유를 누릴 수 있는 것입니다.

하나님의 법은 크게 네 가지로 나눌 수 있는데 "하지 말라, 하라, 지키라, 버리라"는 것이 있습니다. 날이 갈수록 세상이 죄악으로 관영하여 성경에 기록된 하나님의 법을 짐으로 여기고 지키지 않는 사람들이 늘어납니다. 구약 시대의 이스라엘 백성들도 모세의 율법을 지키지 못하여 많은 고통을 받았습니다.

그래서 하나님께서는 예수님을 이 땅에 보내셔서 모든 사람을 율법의 저주에서 해방시켜 주셨습니다. 아무 죄 없는 예수님께서 십자가에 달려 죽으셨다가 부활하심으로 누구든지 믿음으로 구원에 이를 수 있는 길이 열린 것입니다. 이처럼 예수 그리스도를 믿음으로 보혜사 성령을 선물로 받으면 하나님의 자녀들은 성령의 인도하심을 받아 성령의 열매를 맺을 수 있습니다.

우리의 마음 안에 성령이 임하시면 성령께서 하나님의 깊은 것이라도 통달하게 하시며 하나님 말씀대로 살아갈 수 있도록 도와주십니다. 예를 들어, 용서하기 어려운 사람이 있다면 주님의 용서와 사랑을 떠올려 주시고 상대를 용서할 수 있도록 도와주시니 신속히 마음 안에서 악을 버리고 선과 사랑을 가득 채울 수 있습니다. 이처럼 성령의 인도하심을 따라 성령의 열매를 맺으면 진리 안에서 자유함을 누릴 뿐 아니라 하나님의 넘치는 사랑과 축복을 받게 됩니다.

그러므로 성령의 열매를 통해 자신이 얼마큼 성결을 이루어 하나님 보좌 가까이 갈 수 있는지, 또한 신랑 되신 주님의 마음을 얼마나 닮았는지 분별할 수 있습니다. 성령의 열매를 얼마나 많이 맺었는지에 따라 천국의 여러 처소 중 더 밝고 아름다운 곳에 들어가게 됩니다. 새 예루살렘에 들어가려면 어느 열매는 풍성한데 다른 열매는 좀 부족한 것이 아니라 모든 열매가 골고루 크고 탐스럽게 맺혀야 합니다.

금번에 고린도전서 13장의 영적인 사랑, 마태복음 5장의 팔복과 함께 올바른 신앙생활의 이정표가 되는 『성령의 열매』 책자를 핸디북으로 발간하였습니다. 가볍고 작아 휴대가 편하며 언제 어디서나 쉽게 읽을 수 있습니다. 책자 발간을 위해 수고하신 빈금선 편집국장과 우림북 직원들에게 감사의 뜻을 전하며 이 책을 통해 신속히 성령의 아홉 가지 열매를 맺어 주 안에서 진정한 자유를 누리며 새 예루살렘의 주인공이 되시기를 주님의 이름으로 축원합니다.

2013년 12월

이재록 목사

글 머리에

천국 새 예루살렘을 향한
신앙 여정의 이정표와 같은 말씀

　현대사회에서 사람들은 저마다 바쁘게 살아갑니다. 많은
것을 소유하고 누리기 위해 힘쓰고 애쓰며 노력합니다. 이런
사회 흐름 속에서 나름대로 삶의 목표를 정해서 열심히 달려
가던 사람도 한 번쯤은 '내가 바른 삶을 살고 있는 것일까?'
의문이 들 때가 있습니다. 그럴 때면 잠시 자신의 인생을 돌아
보며 중간 점검을 할 것입니다. 우리의 신앙도 하나님의 말씀
으로 점검해 나갈 때 더욱 빠른 성장을 이루어 천국을 향해
지름길로 갈 수 있습니다.

　1장 '성령의 열매를 맺으려면' 편에서는 아담의 범죄로 죽
은 영을 살리시는 성령에 대해 설명합니다. 우리가 예수 그리
스도를 영접하여 성령을 선물로 받은 후 성령의 소욕을 좇아

진리대로 행할 때 성령의 열매를 풍성히 맺을 수 있음을 알려 줍니다.

2장 '사랑' 편에서는 성령의 열매의 시작인 사랑은 어떠한 것인지 전하며, 아담의 범죄로 변질된 사랑의 모습들을 살펴보면서 하나님께서 기뻐하시는 차원의 사랑을 이루려면 어떻게 해야 하는지 비결을 제시합니다.

3장 '희락' 편에서는 바른 신앙생활의 점검 기준이 희락임을 설명하면서, 첫사랑의 기쁨을 잃어버린 이유를 알려 줍니다. 어떤 상황과 조건 속에서도 기뻐하고 즐거워할 수 있는 희락의 열매를 맺는 방법을 세 가지로 설명합니다.

4장 '화평' 편에서는 무엇보다 죄의 담을 헐어 하나님과 화평을 이루는 것이 중요하며, 자신과의 화평, 모든 사람과의 화평을 이루어야 함을 말씀합니다. 그리고 우리가 화평을 이루는 과정 중에 선한 말을 하는 것과 상대의 입장에서 생각하는 것이 얼마나 중요한지 깨우쳐 줍니다.

5장 '오래 참음' 편에서는 억지로 눌러 참는 것이 아니라, 악은 모양도 없이 선한 마음으로 인내했을 때 어떤 축복이 오는지 설명합니다. 그리고 세 가지 분야로 나누어 '마음을 개조하기 위한 오래 참음', '사람에 대한 오래 참음', '하나님께 대한 오래 참음'에 대해 살펴보았습니다.

6장 '자비' 편에서는 자비가 있는 사람은 어떠한지 주님의 모습을 통해 깨달을 수 있도록 하였습니다. 그리고 자비의 특성에 대해 살펴보면서 사랑의 특성과는 어떻게 다른지 알려 주고, 하나님의 사랑과 축복을 받을 수 있는 길을 제시합니다.

7장 '양선' 편에서는 다투지도 들레지도 않고, 상한 갈대도 꺾지 않으며 꺼져 가는 심지조차 끄지 않으시는 주님의 마음을 통해 양선의 열매를 이해할 수 있게 해 줍니다. 또한 다른 덕목과는 어떻게 구별되는지 알려 주며, 양선의 열매를 맺어 그리스도의 향기를 발하는 삶에 대해 말씀합니다.

8장 '충성' 편에서는 우리가 온 집에 충성했을 때 어떤 축복을 받는지 가르쳐 줍니다. 그리고 모세와 요셉의 삶을 통해 충성의 열매를 맺은 사람의 모습이 어떠한지 깨닫고 적용할 수 있게 했습니다.

9장 '온유' 편에서는 하나님이 원하시는 온유의 의미와 온유의 열매가 맺힌 사람의 특징은 어떠한지 알려 줍니다. 또한 온유의 열매를 맺으려면 어떻게 해야 하는지 네 가지 마음 밭을 비유로 명쾌하게 제시하며, 온유한 사람이 받는 축복에 대해 전합니다.

10장 '절제' 편에서는 하나님께서 성령의 아홉 가지 열매 중에 절제를 마지막에 두신 이유와 절제의 중요성에 대해 알려 줍니다. 절제의 열매는 마치 약방에 감초가 있어 모든 것을 조절해 주듯이, 앞서 나오는 여덟 가지 열매를 조절하여 온전케 합니다.

11장 '이 같은 것을 금지할 법이 없느니라' 편은 이 책의 결론으로서, 성령을 좇아 행하는 것이 얼마나 중요한지를 깨닫고 성령의 도우심으로 신속히 온 영의 사람이 되기를 축원하는 내용으로 마무리하였습니다.

우리가 신앙생활을 오래 했다거나, 성경 지식이 많다고 해서 믿음이 크다 할 수는 없습니다. 믿음의 분량은 얼마나 진리의 마음으로 변화되었는지, 얼마나 주님의 마음을 닮았는지에 따라 분별되기 때문입니다. 이 책을 대하는 분들마다 자신의 신앙을 점검하고 성령의 인도하심을 받아 성령의 아홉 가지 열매를 풍성히 맺으시기 바랍니다.

2013년 12월
빈금선 편집국장

CONTENTS

There Is No Law Against Such Things

There Is No Law Against Such Things

Chapter 1

성령의 열매를 맺으려면

죽은 영을 살리시는 성령
성령의 열매를 맺으려면
성령의 소욕과 육체의 소욕
선을 행하되 낙심하지 말지니

너희는 성령을 좇아 행하라

그리하면 육체의 욕심을 이루지 아니하리라

육체의 소욕은 성령을 거스리고

성령의 소욕은 육체를 거스리나니…

너희가 만일 성령의 인도하시는 바가 되면

율법 아래 있지 아니하리라

육체의 일은 현저하니…

이런 일을 하는 자들은 하나님의 나라를

유업으로 받지 못할 것이요

갈라디아서 5:16~21

운전자들은 시원하게 뚫린 도로를 달릴 때면 마음까지 상쾌하다고 합니다. 그러나 그 길이 초행길이라면 목적지에 도착할 때까지는 각별한 주의와 긴장이 따를 것입니다. 이때 차에 네비게이션을 장착하고 달린다면 어떨까요? 자세한 도로 정보와 정확한 안내를 받으니 길을 잃지 않고 목적지까지 안전하게 도착할 수 있습니다.

천국을 향해 가는 신앙 여정도 이와 마찬가지입니다. 하나님을 믿고 그분의 말씀대로 살아가는 자녀들은 보혜사 성령께서 인생길에 장애물과 어려움을 피해 갈 수 있도록 미리 알려 주고 보호해 주십니다. 우리의 목적지인 천국에 이를 때까지 가장 가깝고 형통한 길로 안내해 주시는 것입니다.

죽은 영을 살리시는 성령

하나님께서 흙으로 지으시고 생기를 불어넣으신 첫 사람 아담은 생령이었습니다. '생기'란 하나님께서 나눠주신 '근본의 빛에 담긴 하나님의 능력'으로서 에덴동산에서는 아담의 후손들에게 자동으로 전달됐지요. 그런데 에덴동산에서 살던 아담과 하와가 하나님 말씀에 불순종하는 죄를 지어 이 땅으로 쫓겨난 후에는 상황이 달라졌습니다. 하나님께서는 아담과 하와에게서 생기를 대부분 거둬 버리고 흔적만 남기셨는데, 이것이 바로 '생명의 씨'입니다. 아담과 하와가 이 땅에서 낳은 후손들에게는 생명의 씨가 전달될 수 없습니다.

그래서 하나님께서는 아기가 잉태된 지 6개월이 됐을 때 생명의 씨를 영 안에 담아서 몸의 중심인 심장의 한 세포 안에 있는 핵에 심어 주시지요. 예수 그리스도를 영접하지 않은 사람의 경우 생명의 씨는 마치 딱딱한 껍질에 싸인 씨앗처럼 아무런 활동도 없이 가만히 있습니다. 이처럼 생명의 씨가 활동을 멈추어 죽은 것과 같은 상태를 영이 죽었다고 말합니다. 영이 죽은 상태로는 영생할 수도, 천국에 갈 수도 없습니다.

아담의 범죄 후 죽음을 피할 수 없게 된 모든 사람이 다시 영원한 생명을 얻기 위해서는 바로 사망의 원인인 죄를 용서받고 죽었던 영이 살아나야 합니다. 이를 위해 사랑의 하나님께서는 독생자 예수님을 화목제물로 이 땅에 보내시고 구원의 길을 열어 주셨습니다. 즉 우리의 영을 살리기 위해 예수님은 온 인류의 죄를 대신 지고 십자가에 달려 죽으신 것입니다. 모든 사람에게 영원한 생명을 얻을 수 있는 길과 진리와 생명이 되어 주셨지요.

그래서 예수님을 구세주로 영접할 때 죄가 용서되고 하나님의 자녀가 되어 성령을 선물로 받습니다. 이러한 성령의 능력으로 그동안 딱딱한 껍질에 싸여 마치 죽은 것처럼 있었던 생명의 씨가 깨어나 생명 활동을 시작하고 이로 인해 죽은 영이 살아납니다. 이에 대해 요한복음 3장 6절에 "성령으로 난 것은 영이니" 말씀합니다. 싹을 틔운 씨앗은 물과 햇빛을 공급받아야 잘 자라듯이, 생명의 씨도 깨어난 후에는 영적인 물과 빛을 공급받아야 영이 자랄 수 있습니다. 곧 영적인 물인 하나님 말씀을 양식 삼고, 영적인 빛인 하나님 말씀대로 행할 때에 영이 무럭무럭 성장하는 것입니다.

우리 마음 안에 오신 성령은 죄와 의와 심판에 대해 깨우쳐 주십니다. 죄와 불법을 버리고, 의 가운데 살아갈 수 있도록 도와주십니다. 매 순간 진리로 생각하고 말하며 진리로 행할 수 있도록 능력을 주시지요. 또한 천국에 갈 수 있는 믿음과 소망을 가지고 신앙생활을 하며 영이 잘 성장하도록 도우십니다. 이해를 돕기 위해 비유를 들어보겠습니다.

행복한 가정에서 자란 한 아이가 하루는 산에 올라가 경치를 보며 "야호~" 하고 소리를 질렀습니다. 그러자 누군가 똑같이 "야호~" 하고 답을 하는 것입니다. 놀란 아이가 "넌 누구니?" 하고 묻자, 상대방도 똑같이 대답을 합니다. 상대가 자꾸 따라 하니 아이는 화가 나서 "나한테 시비 거는 거야?" 하고 소리를 쳤는데도 똑같이 말하는 것입니다. 순간 누군가 지켜보고 있다는 생각에 무서워졌습니다.

급히 산에서 내려와 이런 생각, 저런 생각을 하다가 엄마에게 그 사실을 말하였습니다. "엄마! 산속에 아주 나쁜 녀석이 살고 있어요!" 그런데 엄마는 빙그레 웃으며 "애야! 엄마가 알기로는 산속에 사는 그 아이는 착하고 좋은 친구란다. 내일 다시 산에 가서 '어제는 미안했어'라고 말해보렴." 하고 말해 주었습니다. 다음날 아침 일찍 다시 산 정상에 올라간 소년은 큰 소리로 외쳤습니다. "어제는 미안했어! 나하고 친구하자." 메아리가 울려 퍼졌습니다.

어머니는 어린 아들에게 스스로 깨우칠 수 있도록 도와주었던 것입니다. 이렇게 자상한 어머니처럼 우리 신앙생활을 돕는 역할을 하는 분이 바로 성령이십니다.

성령의 열매를 맺으려면

열매는 씨를 심었을 때 싹이 나고 자라 꽃을 피우면서 맺는 결과물입니다. 이런 것처럼, '성령의 열매'는 우리 안에 하나님께서 심어 주신 생명의 씨가 성령으로 인해 싹을 틔우고 자라서 맺히는 열매입니다. 생명의 씨가 싹이 튼다는 것은 곧 성령으로 거듭나는 것을 의미합니다. 그런데 성령을 받았다고 해서 누구나 성령의 열매를 맺는 것이 아니라 성령의 인도하심을 따라 순종해야 열매를 맺을 수 있습니다.

성령은 하나의 발전기에 비유할 수 있습니다. 발전기가 돌아가면 전기가 발생합니다. 그리고 발전기가 전구에 연결되어 전기를 공급하면 빛이 들어옵니다. 전구에 빛이 들어오면 어둠은 물러가지요. 이와 마찬가지로, 성령께서 우리 안에 역사하실 때 육에 속한 어둠이 물러가고, 빛이 우리 안에 임하며 성령의 열매를 맺게 됩니다.

이때 중요한 것은, 전구에 빛이 들어오려면 발전기를 연결만 해서 되는 것이 아니라는 점입니다. 누군가는 반드시 발전기를 가동해야 합니다. 하나님께서 성령이라고 하는 발전기를 우리 마음에 주셨는데, 발전기를 가동하는 것은 우리 자신의 몫입니다.

성령의 발전기를 가동하려면 무엇보다도 항상 깨어 불같이 기도해야 합니다. 그리고 성령이 마음을 주관하시는 대로 순종하여 진리를 행해야 합니다. 이렇게 성령의 주관대로 진리를 따르는 것을 "성령의 소욕을 좇는다"고 말합니다. 성령의 소욕을 좇아 열심히 행해 나갈 때 성령의 충만함을 입게 되는데, 그러면 마음이 점점 진리로 변화됩니다. 성령의 충만함을 입은 만큼 성령의 열매들을 맺게 되는 것입니다.

우리가 성령의 도우심 가운데 마음의 죄성들을 다 버리고 영의 마음을 이루면 성령의 열매들이 형태를 드러내기 시작합니다. 그런데 같은 송이에 달린 포도알이라도 익는 속도가 각각 다르고 크기도 다른 것처럼, 성령의 열매가 맺혀 가는 과정에 어떤 것은 더 실하고 어떤 것은 좀 덜할 수 있습니다. 사랑의 열매는 승한데 절제의 열매는 좀 약하다거나 충성의 열매는 승한데 온유의 열매는 약할 수도 있지요.

하지만 시간이 흐르면서 포도알 하나하나가 완전히 익으면 보랏빛의 크고 통통한 알맹이로 꽉 채워지는 것처럼, 모든 성령의 열매가 100% 영글면 비로소 하나님께서 원하시는 온 영의 사람이 됩니다. 이러한 사람은 모든 분야에 그리스도의 향기를 발하며 성령의 음성도 밝히 듣고 성령의 능력으로 마음껏 하나님께 영광 돌릴 수 있습니다. 하나님의 마음을 온전히 닮았으므로 하나님 보좌가 있는 새 예루살렘에 들어갈 자격이 주어집니다.

성령의 소욕과 육체의 소욕

우리가 성령의 소욕을 좇고자 할 때 이것을 방해하는 또 다른 소욕이 있습니다. 바로 육체의 소욕입니다. 육체의 소욕은 성령의 소욕과 반대되는 비진리를 좇고자 합니다. 육신의 정욕, 안목의 정욕, 이생의 자랑과 같은 것들을 취하려 하고, 갖가지 죄와 불의, 불법들을 행하려고 합니다.

얼마 전에 한 남자분이 인터넷 음란물을 끊을 수 있게 기도해 달라고 찾아왔습니다. 처음에는 보고 싶어서 본 것이 아니라고 합니다. 도대체 그러한 것이 어떻게 사람을 유혹하는지 파악하려는 의도로 보았다는 것입니다. 그런데 한 번 보고 나니 그것이 자꾸 머리에 떠오르면서 다시 보고 싶어지고, 마음 한편에서는 성령이 안 된다고 늘 깨우쳐 주시니 괴롭다는 것입니다.

이 경우는 안목의 정욕, 곧 눈으로 보고 귀로 듣는 것을 통해 마음이 동요된 것입니다. 이러한 안목의 정욕을 차단하지 않고 계속 받아들이면 비진리를 취하는 것이 한 번에서 두 번이 되고, 세 번, 네 번으로 점점 횟수가 늘어납니다. 그러다 보면 결국 자신의 의지로는 끊으려 해도 끊을 수 없는 지경에 이르고 맙니다. 비진리를 보았기 때문에 점점 사단의 역사를 받게 되는 것이지요.

그래서 갈라디아서 5장 16~18절에 "너희는 성령을 좇아 행하라 그리하면 육체의 욕심을 이루지 아니하리라 육체의 소욕은 성령을 거스리고 성령의 소욕은 육체를 거스리나니 이

둘이 서로 대적함으로 너희의 원하는 것을 하지 못하게 하려 함이니라 너희가 만일 성령의 인도하시는 바가 되면 율법 아래 있지 아니하리라" 말씀합니다.

우리가 성령의 소욕을 좇아가면 성령께서 기뻐하시니 마음에 평안이 임하고 즐겁습니다. 반대로 육체의 소욕을 좇으면 성령께서 탄식하시므로 마음에 곤고함이 찾아오고 성령의 충만함을 잃어가니 성령의 소욕을 좇는 것이 갈수록 힘들어집니다.

사도 바울은 이 과정을 "내 속 사람으로는 하나님의 법을 즐거워하되 내 지체 속에서 한 다른 법이 내 마음의 법과 싸워 내 지체 속에 있는 죄의 법 아래로 나를 사로잡아 오는 것을 보는도다 오호라 나는 곤고한 사람이로다 이 사망의 몸에서 누가 나를 건져내랴"(롬 7:22~24) 하고 탄식하였습니다. 성령의 소욕을 좇느냐, 육체의 소욕을 좇느냐에 따라 종국적으로는 구원받은 하나님의 자녀가 될 수도 있고, 사망의 길로 가는 어둠의 자녀가 될 수도 있습니다.

갈라디아서 6장 8절에 "자기의 육체를 위하여 심는 자는 육체로부터 썩어진 것을 거두고 성령을 위하여 심는 자는 성령으로부터 영생을 거두리라" 했습니다. 만일 우리가 성령을 거스리는 육체의 소욕을 좇아 행하면 그 열매는 죄와 불법인 육체의 일로 맺히고 천국에 들어갈 수 없습니다(갈 5:19~21). 그러나 육체를 거스리는 성령의 소욕을 좇아 행하면 성령의 아홉 가지 열매를 맺을 수 있습니다(갈 5:22~23).

선을 행하되 낙심하지 말지니

우리가 성령으로 믿음을 좇아 행하는 만큼 마음에 성령의 열매를 맺으며 하나님이 원하시는 참 자녀의 모습으로 변화됩니다. 그런데 사람의 마음에는 진리의 마음과 비진리의 마음이 있습니다. 진리의 마음은 성령의 소욕을 좇아 하나님 말씀대로 살려고 합니다. 하지만 비진리의 마음은 육체의 소욕을 좇아 원수 마귀 사단이 조종하는 대로 어둠 가운데 살려고 하지요.

예를 들어, 주일 성수는 하나님의 자녀로서 당연히 지켜야 할 십계명 중의 하나입니다. 그런데 가게를 경영하는 경우 믿음이 연약할 때에는 주일에 가게 문을 닫으면 손해볼 것 같아 마음에 갈등이 일어납니다. 이때 육체의 소욕은 '한 달에 두 번만 주일을 지킬까? 아니면 아내와 교대로 오전, 오후 예배를 드리는 것은 어떨까?' 하면서 온전한 순종을 방해하지만, 성령의 소욕은 '안식일을 거룩히 지키면 반드시 그 이상의 수입이 들어와 차고 넘치도록 채워 주신다'는 깨우침을 주시며 순종할 수 있도록 도와주십니다.

이처럼 성령께서는 우리의 연약함을 도우시고 말할 수 없는 탄식으로 우리를 위하여 친히 간구하십니다(롬 8:26). 이러한 성령의 도우심을 따라 진리대로 행할 때 진리의 마음이 승리하여 평안이 임하고 날로 믿음이 성장하는 것입니다.

성경에 기록된 하나님 말씀은 영원히 변치 아니하는 진리요, 아름다운 선 자체입니다. 하나님의 자녀들에게 영생을 주기 위한 것이요, 영원한 행복과 기쁨을 누릴 수 있도록 인도하는 빛입니다. 성령의 인도하심을 받는 하나님의 자녀들은 정과 욕심을 십자가에 못 박고 하나님 말씀대로 오직 성령의 소욕을 좇아 선을 행하되 낙심하지 말아야 합니다.

마태복음 12장 35절에 "선한 사람은 그 쌓은 선에서 선한 것을 내고 악한 사람은 그 쌓은 악에서 악한 것을 내느니라" 말씀하셨으니 불같이 기도하여 악은 모든 모양이라도 버리고 부지런히 선을 쌓아야 때가 이르매 거둘 수 있습니다.

"오직 사랑으로 서로 종노릇하라 온 율법은 네 이웃 사랑하기를 네 몸같이 하라 하신 한 말씀에 이루었나니 만일 서로 물고 먹으면 피차 멸망할까 조심하라"(갈 5:13~15)

"형제들아 사람이 만일 무슨 범죄한 일이 드러나거

든 신령한 너희는 온유한 심령으로 그러한 자를 바로잡고 네 자신을 돌아보아 너도 시험을 받을까 두려워하라 너희가 짐을 서로 지라 그리하여 그리스도의 법을 성취하라"(갈 6:1~2)

이러한 하나님 말씀에 순종해 나갈 때 성령의 열매를 풍성히 맺으며 영의 사람, 온 영의 사람이 되어 이 땅에서 무엇이든지 구하는 대로 응답을 받으며 영원한 천국에서도 새 예루살렘의 주인공이 될 수 있습니다.

There Is No Law Against Such Things

Chapter 2
사 랑

사랑의 열매는 최고의 영적인 사랑
변질되는 사랑은 육적인 사랑
자신의 생명을 주는 영적인 사랑
하나님을 향한 진실한 사랑
사랑의 열매를 맺으려면 성결을 이루어야

사랑하는 자들아 우리가 서로 사랑하자

사랑은 하나님께 속한 것이니 사랑하는 자마다

하나님께로 나서 하나님을 알고

사랑하지 아니하는 자는 하나님을 알지 못하나니

이는 하나님은 사랑이심이라

요한일서 4:7~8

사랑은 우리의 상상을 초월하는 위력을 지니고 있습니다. 정말 버림받을 수밖에 없고 죽을 수밖에 없는 사람도 사랑의 힘으로는 살릴 수 있고 새로운 힘과 용기를 불어넣어 줄 수도 있습니다. 또한 사랑의 힘으로 상대의 허물을 덮어 주면 놀라운 변화와 축복의 역사가 따르는데, 이는 살아 계신 하나님께서 선과 사랑, 진실과 공의 가운데 역사하시기 때문입니다.

　　어느 사회학 전공 팀이 볼티모어 시에서 열악한 환경에 놓인 학생 200명을 조사했습니다. 그 결과 그들에게는 희망과 기회가 희박하다는 결론을 내렸지요. 그러나 25년 뒤에 그들을 다시 조사했더니 놀랍게도 변호사, 의사, 목사, 사업가 등 성공한 사회인이 176명이나 되었습니다. 그들에게 열악한 환경을 어떻게 극복할 수 있었느냐고 물었더니 이구동성으로 어느 교사의 이름을 말했다고 합니다. 그 교사에게 어떻게 이처럼 놀라운 변화를 줄 수 있었느냐고 묻자, "나는 그들을 사랑했고, 그들은 그것을 알았을 뿐입니다."라고 대답했습니다.

　　그러면 성령의 아홉 가지 열매 중 첫 번째인 사랑은 과연 어떤 것일까요?

사랑의 열매는 최고의 영적인 사랑

일반적으로 사랑은 육적인 사랑과 영적인 사랑으로 나눌 수 있습니다. 육적인 사랑이란 자기의 유익을 구하는 사랑이며, 언젠가는 변질되는 헛된 사랑입니다. 반면에 영적인 사랑은 상대의 유익을 구하며 어떤 상황에서도 변함없는 사랑입니다. 고린도전서 13장에 이러한 영적인 사랑에 대하여 자세히 나옵니다.

"사랑은 오래 참고 사랑은 온유하며 투기하는 자가 되지 아니하며 사랑은 자랑하지 아니하며 교만하지 아니하며 무례히 행치 아니하며 자기의 유익을 구치 아니하며 성내지 아니하며 악한 것을 생각지 아니하며 불의를 기뻐하지 아니하며 진리와 함께 기뻐하고 모든 것을 참으며 모든 것을 믿으며 모든 것을 바라며 모든 것을 견디느니라"(고전 13:4~7)

이러한 영적인 사랑과 갈라디아서 5장에 나오는 사랑의 열매는 어떤 차이가 있을까요? 성령의 열매에 나오는 사랑은 자기 생명까지 줄 수 있는 희생이 포함된 것을 말합니다. 고린도전서 13장의 사랑보다 한 차원 더 높은 사랑으로서 최고의 영적인 사랑이지요.

우리가 사랑의 열매를 맺어 자신의 생명을 주기까지 상대를 위해 희생할 수 있다면 모든 것을 사랑할 수 있습니다. 하나님과 주님께서 생명 다하기까지 우리를 사랑하신 그 사랑이 우리 안에 있다면 하나님을 위해, 하나님의 나라와 의를 위해 자신의 생명까지 줄 수 있습니다. 또한 하나님을 사랑하기 때문에 형제를 위해서도, 심지어 나를 미워하는 원수를 위해서라도 생명을 주는 최고의 사랑을 할 수 있는 것입니다.

요한일서 4장 20~21절에 "누구든지 하나님을 사랑하노라 하고 그 형제를 미워하면 이는 거짓말하는 자니 보는 바 그 형제를 사랑치 아니하는 자가 보지 못하는 바 하나님을 사랑할 수가 없느니라 우리가 이 계명을 주께 받았나니 하나님을 사랑하는 자는 또한 그 형제를 사랑할지니라" 하셨으니 하나님을 사랑한다면 모든 사람을 사랑하게 됩니다. 만일 누군가를 미워하면서 하나님을 사랑한다고 고백한다면 그것은 거짓말입니다.

변질되는 사랑은 육적인 사랑

하나님께서 첫 사람 아담을 창조하셨을 때, 그에게 주셨던 하나님의 사랑은 영적인 사랑이었습니다. 그를 위해 동방의 에덴이라는 곳에 따로 아름다운 동산을 만드시고 그와 동행하며 아무 부족함 없이 살게 하셨지요. 에덴동산이라는 최상의 환경뿐 아니라 이 땅에 지으신 모든 것을 지배하고 다스리는 권세까지 주셨습니다.

이처럼 하나님은 아담에게 영적인 사랑을 넘치도록 주셨지만 정작 아담은 이런 하나님의 사랑을 깨닫지 못했습니다. 아담은 미움이나 변질되는 육적인 사랑을 체험한 적이 없기 때문에 하나님의 사랑을 받아도 그것이 얼마나 소중하고 귀한 것인지 몰랐던 것입니다. 결국 오랜 세월이 흐른 뒤, 아담은 뱀의 유혹을 받아 하나님 말씀에 불순종하고 말았습니다. 하나님이 금하신 선악과를 먹고 만 것입니다(창 2:17, 3:1~6).

그 결과 아담의 마음에 죄가 들어와 하나님과 교통할 수 없는 육의 사람이 되어버렸습니다. 더는 에덴동산에 살 수 없어 이 땅으로 쫓겨나게 되었지요. 이 땅에서 경작받는 동안(창 3:23) 아담의 후손인 모든 사람은 미움, 시기, 고통, 슬픔 등 사랑과 반대되는 것을 체험하면서 점점 더 영적인 사랑에서 멀어져 갔습니다. 죄로 관영하여 육의 마음으로 변질된 만큼 육적인 사랑으로 변질된 것입니다.

수많은 세월이 흐른 오늘날은 더더욱 영적인 사랑을 찾아보기 힘든 세상이 되었습니다. 사람들 사이에 사랑의 표현은 넘쳐나지만 시간이 지나면 변질되는 육적인 사랑일 뿐입니다. 육적인 사랑은 세월이 흐르고 상황과 조건이 달라지면 자신의 유익에 따라 이랬다저랬다 쉽게 변하며 배신합니다. 먼저 받아야 주고 자신에게 유익이 되어야 베풀지요. 내가 준 만큼 받기 원하는 것, 상대가 주지 않으면 서운해하고 아쉬워하는 것도 육적인 사랑입니다.

남녀가 연애할 때는 서로 "영원히 사랑한다.", "당신 없으면 못 산다." 하지만, 막상 결혼하고 나면 달라지는 경우가 많습니다. 시간이 지나면 상대에게서 점차 자기 생각에 맞지 않는 모습이 보입니다. 전에는 모든 것이 좋아 보였고, 무조건 상대의 뜻에 맞춰 주려고 노력했는데 이제는 그렇지 않습니다. 자기 뜻대로 따라 주지 않으면 속상해하거나 상대를 힘들게 합니다. 수십 년 전만 해도 이혼하는 일이 그리 많지 않았는데, 요즘에는 이혼도 쉽게 하고, 얼마 되지 않아 다른 사람과 결혼합니다. 그러면서도 매번 상대를 진정으로 사랑한다고 고백합니다. 바로 육적인 사랑의 전형적인 모습이지요.

부모와 자녀 간의 사랑도 마찬가지입니다. 물론 자녀를 위해 자신의 생명까지 주는 부모도 있지만, 이러한 사랑을 자기 자녀에게만 준다면 영적인 사랑이라 할 수 없습니다. 진정으로 영적인 사랑이 임하면, 자신의 자녀에게만이 아니라 누구에게라도 같은 사랑을 줄 수 있습니다. 그런데 세상이 악해지는 만큼 자녀를 위해서조차 희생하는 모습이 드뭅니다. 부모와 자녀 간에도 유익에 맞지 않으면 서로 원수 맺는 일이 허다합니다.

형제간이나 친구 간의 사랑은 어떻습니까? 아무리 의좋던 형제간이라도 돈 문제가 개입되면 이런저런 갈등 끝에 오히려 남보다 못한 관계가 됩니다. 친구 간에도 흔히 볼 수 있는 모습이지요. 환경과 조건이 맞을 때나 자기 생각과 맞을 때만 지속되다가 조건이 달라지면 언제든 변하는 사랑입니다. 또 대부분의 사람은 자신이 사랑을 준 만큼 상대로부터 받기 원합니다. 자신의 마음이 뜨거울 때는 받지 않고 무조건 줄 수도 있습니다. 그러나 뜨거움이 식으면, 예전에 주기만 했던 것을 후회하고 받지 못한 것을 서운해합니다. 결국 대가를 바라고 준 것이지요. 이러한 사랑이 곧 육적인 사랑입니다.

자신의 생명을 주는 영적인 사랑

사랑하는 사람을 대신하여 자신의 생명을 준다는 것은 참으로 감동적인 일입니다. 하지만 누군가를 대신하여 자기 목숨을 주어야 한다는 사실을 알면서도 그 사람을 사랑하기는 쉽지 않습니다. 이처럼 사람의 사랑에는 한계가 있습니다.

한 나라의 왕에게 사랑스러운 아들이 있었습니다. 그런데 백성 중에 흉악한 살인자가 있어서 법에 따라 사형을 당하게 되었습니다. 그 살인자가 살 수 있는 유일한 방법은 죄 없는 사람이 그를 대신하여 죽는 것입니다. 이때 왕이 살인자를 위해 죄 없는 아들을 죽도록 내줄 수 있을까요? 인류 역사상 그런 사람은 한 명도 없었습니다. 그런데 이 땅의 왕과는 비교도 할 수 없는 창조주 하나님께서 독생자를 내어주실 만큼 죄인이었던 우리를 사랑하셨습니다(롬 5:8).

아담의 범죄로 모든 인류는 죄의 대가로 영원한 사망의 길로 갈 수밖에 없었습니다. 이런 우리를 구원하여 천국으로 이끄시기 위해서는 죄의 문제가 해결되어야 했습니다. 하나님과의 사이에 막힌 죄의 문제를 해결하기 위해 하나님께서는 독생자 예수님을 보내셔서 온 인류의 죗값을 담당하게 하셨습니다.

갈라디아서 3장 13절에 "나무에 달린 자마다 저주 아래 있는 자"라 말씀합니다. 예수님께서는 "죄의 삯은 사망"(롬 6:23)이라는 율법의 저주 아래 놓인 우리를 속량하고자 나무 십자가에 달리셨습니다. 또 피 흘림이 없으면 죄 사함이 없으므로(히 9:22) 물과 피를 다 쏟으셨지요. 예수님께서 우리를 대신하여 형벌을 받으심으로써 이를 믿는 사람마다 죄 사함 받아 영생에 이르게 되었습니다.

하나님께서는 죄인들이 하나님의 독생자 예수님을 핍박하고 모욕할 줄도 아셨고 결국엔 십자가에 못 박을 줄도 아셨습니다. 그럼에도 영원한 사망으로 갈 수밖에 없는 죄인들을 구원하고자 이 땅에 예수님을 보내셨지요.

요한일서 4장 9~10절을 보면 "하나님의 사랑이 우리에게 이렇게 나타난 바 되었으니 하나님이 자기의 독생자를 세상에 보내심은 저로 말미암아 우리를 살리려 하심이니라 사랑은 여기 있으니 우리가 하나님을 사랑한 것이 아니요 오직 하나님이 우리를 사랑하사 우리 죄를 위하여 화목제로 그 아들을 보내셨음이니라" 말씀합니다.

독생자 예수님을 십자가에 내주심으로써 하나님께서는 우리에 대한 사랑을 확증하셨습니다. 그리고 예수님께서는 인류의 죄를 대속하기 위해 십자가에 못 박혀 생명을 주는 사랑을 베푸셨습니다. 이처럼 독생자 예수님을 통해 나타내신 하나님의 사랑은 마지막 피 한 방울까지도 아끼지 않는 생명을 다한 사랑, 영원히 변함없는 사랑입니다.

하나님을 향한 진실한 사랑

우리도 이러한 사랑의 차원에 이를 수 있을까요? 요한일서 4장 7~8절에 "사랑하는 자들아 우리가 서로 사랑하자 사랑은 하나님께 속한 것이니 사랑하는 자마다 하나님께로 나서 하나님을 알고 사랑하지 아니하는 자는 하나님을 알지 못하나니 이는 하나님은 사랑이심이라" 말씀합니다.

'하나님께서 어떤 사랑을 주셨는지' 머리로만 아는 것이 아니라 마음 깊이 깨닫는다면, 우리도 진실로 하나님을 사랑하게 됩니다. 신앙생활을 하다 보면 감당하기 어려운 연단을 받을 때도 있고, 때로는 자신이 가진 모든 소유와 소중한 것을 다 잃어버릴 지경에 처할 수도 있습니다. 그럴 때도 진실한 사랑을 이루면 마음에 전혀 요동함이 없습니다.

제게도 소중한 세 딸을 잃을 뻔한 일이 있었습니다. 30여 년 전에는 대부분 연탄 난방을 했습니다. 그러다 보니 연탄가스가 제대로 배출되지 않아 사고가 빈번했지요. 그 무렵이 개척 초기라 사택이 교회 지하에 있었는데 딸들이 청년 한 명과 함께 연탄가스에 중독된 것입니다. 밤새 연탄가스를 마셨기 때문에 살아날 가망이 없어 보였습니다.

의식이 없는 그들을 보면서 저는 어떤 원망도, 서운함도 없었습니다. 아이들이 눈물, 슬픔, 고통이 없는 아름다운 천국에서 평안히 살 것을 생각하니 감사했습니다. 그러나 청년은 양 떼였기 때문에 하나님의 영광을 가리지 않도록 그 영혼만은 살려 주시라고 기도했습니다. 청년에게 먼저 손을 얹고 기도한 뒤 막내딸에게 기도하는 중에 청년의 의식이 돌아왔습니다. 둘째에게 기도하니 막내딸이 일어나 앉는 것입니다. 이어서 둘째 아이가 일어나고 마지막으로 첫째 아이까지 정신을 차렸지요. 그들 모두 지금까지 아무런 후유증 없이 건강하며, 세 딸은 목회자로서의 사역을 잘 감당하고 있습니다.

우리가 하나님을 사랑한다면 어떤 상황에서도 그 사랑에 변함이 없습니다. 이미 독생자의 생명까지 주신 사랑을 받았는데, 하나님께 서운해하거나 하나님의 사랑을 의심할 이유가 없지요. 한 번 사랑한 마음에 변함이 없고, 끝까지 생명을 다해 충성하며 온전히 하나님의 사랑을 신뢰할 뿐입니다.

영혼들을 대할 때에도 마찬가지입니다. 요한일서 3장 16절에 "그가 우리를 위하여 목숨을 버리셨으니 우리가 이로써 사랑을 알고 우리도 형제들을 위하여 목숨을 버리는 것이 마땅하니라" 했습니다. 하나님을 향해 진실한 사랑을 이루면, 영혼들을 대할 때에도 진실한 사랑을 하게 됩니다. 자기 유익을 구하는 마음이 전혀 없으므로, 자기에게 있는 모든 것을 내어 주면서도 대가를 바라지 않습니다. 아무것도 바라지 않고 순수하게 자기를 희생하며, 상대를 위해 모든 것을 내어 줄 수 있습니다.

지금까지 저는 믿음의 길을 걸어오면서 참으로 수많은 연단을 받았습니다. 제게 은혜를 입었던 사람, 내 가족과 같이 대해 준 사람들로부터 배신을 당하기도 했고, 세상 사람들의 오해를 받아 아무 잘못도 없이 손가락질을 당한 적도 있었습니다. 그래도 그들을 선으로 대하며 하나님께 맡기고 사랑과 긍휼로 용서해 주시기를 기도했습니다. 교회를 어렵게 만들고 떠난 사람들이라 해도 마음에서는 싫어하지 않았으며 어찌하든 회개하고 돌아오기만을 기도했던 것입니다. 극심한 연단 속에서도 하나님께서 저를 사랑하신다는 사실을 믿었기 때문에, 저 역시 그러한 사랑으로 영혼들을 사랑했기 때문에 아무리 악을 행한 사람이라도 오직 선으로 대할 수 있었습니다.

사랑의 열매를 맺으려면 성결을 이루어야

우리 마음에 죄와 악과 불법을 버림으로 성결을 이룬 만큼 우리 안에 이러한 사랑의 열매를 온전히 맺을 수 있습니다. 악이 없는 마음에서 참된 사랑이 나오므로 상대를 결코 힘들게 하거나 부담 주지 않으며 항상 평안함을 줍니다. 또한 상대의 마음을 헤아려 섬기기 때문에 기쁨을 주고 영혼이 잘되게 하며 하나님 나라를 더 크게 이루는 것입니다.

성경을 보면 죄악을 버린 믿음의 선진들이 어떤 사랑을 이루었는지 나옵니다. 모세는 이스라엘 민족을 너무나 사랑했기 때문에 자기 이름이 생명책에서 지워진다 해도 그들을 멸망에서 건지기 원했습니다(출 32:32). 사도 바울 역시 주님을 만난 뒤 변함없이 주님을 사랑했습니다. 이방인의 사도가 되어 세 차례 전도 여행을 통해 많은 영혼을 구원하고 교회를 세웠습니다. 로마에서 순교하기까지 예수 그리스도를 알렸지요. 그러나 그가 사도로서 걸었던 길은 고되고 험난했습니다.

생명의 위협과 유대인들의 훼방과 핍박이 끊임없이 따랐습니다. 수없이 매를 맞고 감옥에 갇히기도 하고, 배가 파선하여 하루 종일 험한 바다에서 표류하기도 했습니다. 그런데도 그는 자신이 선택한 길을 한 번도 후회하지 않았습니다. 어려움을 당하면서도 오히려 교회와 성도들을 염려했지요. 고린도후서 11장 28~29절에 "이 외의 일은 고사하고 오히려 날마다 내 속에 눌리는 일이 있으니 곧 모든 교회를 위하여 염려하는 것이라 누가 약하면 내가 약하지 아니하며 누가 실족하게되면 내가 애타지 않더냐" 하는 고백을 통해 사도 바울의 심정을 잘 알 수 있습니다.

이처럼 영혼을 향한 뜨거운 사랑이 있었기에 사도 바울은 자기 생명도 아끼지 않았습니다. 그 사랑이 얼마나 컸는지는 로마서 9장 3절에 잘 나옵니다. "나의 형제 곧 골육의 친척을 위하여 내 자신이 저주를 받아 그리스도에게서 끊어질지라도 원하는 바로라" 고백했지요. 여기서 골육의 친척이란 혈연으로 이루어진 사람만이 아닙니다. 사도 바울을 핍박하는 유대인들을 포함한 모든 이스라엘 백성을 의미합니다.

이런 사랑을 소유했기 때문에 그들을 구원할 수만 있다면 대신 지옥에라도 가겠다는 고백을 한 것입니다. 그리고 "사람이 친구를 위하여 자기 목숨을 버리면 이에서 더 큰 사랑이 없나니"(요 15:13) 말씀하신 것처럼, 순교로써 가장 큰 사랑을 확증해 보였지요.

어떤 사람들은 주님을 사랑한다 하면서도 믿음의 형제들에 대해서는 그러지 못하는 것을 봅니다. 원수도 아니고, 생명을 달라는 것도 아닙니다. 그런데 작은 일로 부딪치고 서로 불편해합니다. 함께 하나님의 일을 하다가도 마음이 좀 맞지 않으면 감정을 품기도 합니다. 영적으로 시들어 가고 죽어 가는 영혼들을 보면서, 별 안타까움 없이 무감각한 경우도 있습니다. 이런 모습이 과연 하나님을 사랑하는 것일까요?

예전에 제가 성도들 앞에 이런 고백을 한 적이 있습니다. "만약 천 명의 영혼을 구원할 수 있다면 내가 대신 지옥에 가야 한다 해도 그렇게 하겠습니다."라고 말입니다. 물론 지옥이 어떤 곳인지 너무나 잘 압니다. 어떤 대가를 치른다 해도 지옥에 갈 일은 결코 하지 않을 것입니다. 그러나 지옥에 떨어질 영혼들을 대신할 수 있다면, 그렇게라도 하고 싶다는 것입니다.

그 천 명 안에는 제가 섬기는 교회에서 신앙생활 하는 영혼들이 포함될 수도 있습니다. 진리의 말씀을 듣고 권능의 역사를 늘 보면서도 진리를 선택하지 못하고 사망으로 가는 일꾼이나 양 떼일 수도 있지요. 또한 잘 알지도 못하면서 저와 우리 교회를 오해하고 시기하여 핍박한 사람들일 수도 있습니다. 혹은 전쟁과 기근과 가난으로 절망 가운데 빠진 아프리카 오지의 불쌍한 영혼들일 수도 있습니다.

예수님께서 저를 위해 죽어 주신 것처럼, 저도 그들을 위해 생명까지 줄 수 있습니다. "사랑해야 한다." 하셨으니까 의무적으로 사랑하는 것이 아닙니다. 말로만이 아니라 정녕 내 생명보다 사랑하기 때문에 그들을 구원하기 위해 하루하루

진액을 다하기까지 삶을 드립니다. 그것이 나를 사랑하신 아버지 하나님의 가장 간절한 소원임을 알기 때문입니다.

저는 '어찌하면 더 많은 곳에 복음을 전할까?', '어찌하면 더 큰 권능을 베풀어 더 많은 영혼들이 믿을 수 있게 할까?', '어찌하면 세상이 헛된 줄 알아서 더 좋은 천국을 침노하게 할 수 있을까?' 날마다 이런 생각뿐입니다.

여러분 안에는 독생자의 생명까지 주신 하나님의 사랑이 얼마나 새겨져 있는지 살펴보시기 바랍니다. 그 사랑이 여러분 안에 가득하다면, 여러분도 하나님과 영혼들을 중심으로 사랑하게 됩니다. 그것이 진정한 사랑입니다. 이런 사랑을 온전히 이룰 때에 사랑의 결정체인 가장 아름다운 천국 새 예루살렘에 들어갈 수 있습니다. 여러분 모두가 그곳에서 사랑 자체이신 아버지 하나님과 주님과 영원히 사랑을 나누시기를 바랍니다.

Chapter 3
희 락

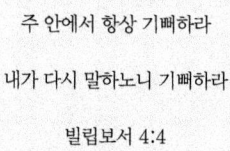

주 안에서 항상 기뻐하라

내가 다시 말하노니 기뻐하라

빌립보서 4:4

웃음은 스트레스와 분노, 긴장을 완화해 심장마비 같은 돌연사를 예방하며 인체의 면역력을 높여 감기와 같은 감염질환은 물론 암과 성인병까지 예방해 준다고 합니다. 이처럼 웃음은 건강에 좋은 영향을 끼치는데, 하나님께서도 우리에게 "항상 기뻐하라" 말씀하십니다. 혹자는 "항상 기뻐할 일이 없는데 어떻게 그럴 수 있느냐?" 말하지만 믿음의 사람들이 주 안에서 항상 기뻐할 수 있는 것은 어떤 어려움 속에 있을지라도 하나님께서 도우실 것과 종국에는 영원한 희락이 넘치는 천국으로 인도받을 것을 마음에서 믿기 때문입니다.

희락의 열매란

'희락'은 문자 그대로 '기쁨과 즐거움'입니다. 그런데 영적인 희락은 단순히 기뻐하고 즐거워하는 차원이 아닙니다. 세상 사람들도 좋은 일이 있을 때는 기뻐하지만 이것은 일시적인 감정이요. 힘들고 어려운 일이 생기면 기쁨도 즐거움도 사라집니다. 그러나 성령의 열매인 희락이 마음에 맺히면 어떤 상황과 조건 속에서도 항상 기뻐하고 즐거워할 수 있습니다.

데살로니가전서 5장 16~18절에 "항상 기뻐하라 쉬지 말고 기도하라 범사에 감사하라 이는 그리스도 예수 안에서 너희를 향하신 하나님의 뜻이니라" 말씀한 대로, '항상 기뻐하고 범사에 감사하는 것'이 바로 영적인 희락입니다. 희락은 자신이 바른 신앙생활을 하고 있는지를 쉽게 측정할 수 있는 하나의 기준이 됩니다.

어떤 사람은 매 순간 즐겁고 행복하게 주님의 길을 갑니다. 반면에 어떤 사람은 열심히 신앙생활을 한다 하지만 정작 마음 깊은 곳에서 솟아나는 기쁨이나 감사가 없습니다. 예배도 드리고, 기도도 하고, 사명도 감당하지만 그저 맡은 일에 책임을 다하듯이 무덤덤하게 신앙생활을 하는 것입니다. 그러다가 예상치 못한 어려운 일이라도 만나면 그나마 있던 평안함조차 잃어버리고 불안, 초조함으로 마음이 요동하지요.

자신의 힘으로는 도저히 해결하기 힘든 일이 생겼을 때, '지금 내가 중심에서 기뻐하고 있는가' 하고 마음을 점검해 보시기 바랍니다. 그리고 얼굴을 거울에 한번 비춰 보십시오. 그 모습이 바로 자신에게 얼마만큼 희락의 열매가 맺혀 있는지를 보여 주는 하나의 척도가 될 수 있습니다.

사실 우리가 예수 그리스도 보혈의 공로로 구원받은 은혜 하나만 해도 항상 기뻐하기에 충분한 조건입니다. 영원히 타는 지옥 불에 던져질 수밖에 없었던 처지에서 예수 그리스도의 십자가 공로로 행복과 평안이 가득한 천국에 들어갈 수 있게 되었다는 사실 하나만으로도 그 행복은 이루 다 말할 수 없지요.

출애굽한 이스라엘 백성들이 갈라진 홍해 가운데를 마른 땅처럼 건너고, 뒤쫓아오던 애굽 군대에게서 해방되었을 때 얼마나 기뻐했습니까? 그 감격으로 여인들이 소고를 잡고 춤추며 온 백성이 찬양하는 장면이 성경에 나옵니다(출 15:19~20).

이와 마찬가지로 처음 주님을 영접한 사람은 구원의 기쁨이 말할 수 없이 크기 때문에 아무리 고된 일로 몸이 지칠 때라도 입술에는 찬양이 흘러나옵니다. 주님의 이름으로 핍박을 받거나 애매히 어려움을 당한다 해도 천국을 생각하면 행복하기만 하지요. 이런 기쁨이 마음에 계속 있다면 희락의 열매가 곧 온전하게 맺힐 것입니다.

첫사랑의 기쁨이 사라지는 이유

그런데 현실을 보면 이 첫사랑의 기쁨을 계속 유지하는 사람이 그리 많지는 않습니다. 어느 정도 세월이 지나면 기쁨이 사라지고 구원의 은혜에 대한 감격도 예전과 같지 않지요. 전에는 어떤 어려운 일이 있어도 주님만 생각하면 그저 행복했는데 이제는 힘든 일이 있으면 한숨이 나오고 괴로운 일이 있으면 탄식이 나옵니다. 마치 이스라엘 백성이 홍해를 건넌

직후의 감격을 금세 잊어버리고 조금만 어려움이 닥쳐와도 하나님을 원망하고 모세를 대적하며 돌로 치려 했던 것처럼 말입니다.

왜 이렇게 변하는 것일까요? 바로 마음에 육이 있기 때문입니다. 여기서 말하는 육은 영적인 의미로서, 영과 반대되는 속성을 말합니다. '영'은 창조주 하나님께 속하여 영원히 변하지 않고 아름다운 것이지만, '육'은 영이신 하나님과 단절된 것들의 속성으로, 썩고 변질되며 없어지는 것들의 총칭입니다. 따라서 불법, 불의, 비진리 등 모든 종류의 죄들이 다 육에 속합니다. 이러한 육의 속성을 가진 사람은 한때 기쁨이 넘치다가도 어느 순간 그 기쁨이 사라집니다. 또 변질되는 육의 속성이 있기 때문에 원수 마귀 사단이 그 속성을 주관하여 기뻐할 수 없는 상황을 만들어갑니다.

사도 바울은 복음을 전하다 붙들려 매를 많이 맞고 깊은 감옥에 갇힌 일이 있었습니다. 그러나 염려치 않고 기도하며 하나님을 찬미하니 큰 지진이 일어나 옥문이 열립니다. 뿐만 아니라 이 일을 통해 하나님을 믿지 않던 사람들에게까지 복음을 전하지요. 이처럼 어떤 고난 속에서도 기쁨을 잃지 않았던 그는 믿음의 사람들에게 권면하기를 "주 안에서 항상 기뻐하라 내가 다시 말하노니 기뻐하라 … 아무것도 염려하지 말고 오직 모든 일에 기도와 간구로 너희 구할 것을 감사함으로 하나님께 아뢰라"(빌 4:4~6) 권면합니다.

설령 벼랑 끝에 내몰린 절망적인 상황에 직면했다 해도 하나님을 믿음으로 사도 바울처럼 감사의 기도를 드려 보십시오. 그 믿음의 행함을 하나님께서 기뻐하시고 모든 일에 합력하여 선을 이뤄 주실 것입니다.

영적인 희락이 임하면

다윗은 소년 시절부터 전쟁터에 나가 나라를 위해 싸웠고 수많은 전투에서 공을 세운 충신이었습니다. 또한 사울 왕이 악신에 들려 고통받을 때에는 수금을 타서 마음에 평안을 주었고 신하로서도 왕의 명을 한 번도 어긴 적이 없었지요. 그런데 사울 왕은 이런 다윗에게 은혜를 보답하기는커녕 그를 시기하고 미워하였습니다. 다윗이 백성의 사랑을 받으니 왕위를 빼앗길까 두려워하며 군사를 동원하여 다윗을 죽이려고 쫓아다녔습니다.

이로 인해 다윗은 사울을 피해 도망 다녀야 했고, 심지어 위기의 상황에서 목숨을 구하기 위해 침을 흘리며 미친 척하기도 했습니다. 만일 여러분이 이런 상황에 놓였다면 어떤 심정이겠습니까? 다윗은 조금도 슬퍼하지 않고 오히려 기뻐하며 하나님께 아름다운 찬양시로 자신의 믿음을 고백합니다.

"여호와는 나의 목자시니 내가 부족함이 없으리로다
그가 나를 푸른 초장에 누이시며
쉴 만한 물가으로 인도하시는도다…
내가 사망의 음침한 골짜기로 다닐지라도
해를 두려워하지 않을 것은
주께서 나와 함께하심이라…
나의 평생에 선하심과 인자하심이 정녕 나를 따르리니
내가 여호와의 집에 영원히 거하리로다"(시 23:1~6)

비록 현실은 가시밭길과 같았지만 다윗에게는 진정 위대한 것이 있었습니다. 하나님께 대한 뜨거운 사랑과 변함없는 신뢰가 그것이었지요. 그래서 어떠한 환경도 그의 중심에서 우러나오는 기쁨을 막지 못했던 것입니다. 이것이 바로 희락이 임한 사람의 모습입니다.

저도 주님을 영접한 지 37년이 지난 지금까지 한 번도 첫 사랑의 기쁨을 잃어 본 일이 없고, 늘 감사가 넘치는 마음으로 하루하루를 살아갑니다. 저는 7년간 앓았던 질병투성이의 몸을 하나님의 능력으로 단번에 치료받고 신앙생활을 시작하면서 노동일을 하게 되었습니다. 다른 좋은 직장에 취직할 기회도 있었지만 굳이 힘든 노동일을 한 것은 그래야만 주일을 온전히 지킬 수 있었기 때문입니다.

새벽 4시가 되면 곤한 몸을 일으켜 찬물에 세수를 하고 새벽예배를 다녀옵니다. 그리고 도시락 하나를 들고 달동네를 내려와 첫 차를 타고 일터로 향합니다. 일터까지는 차로 약 1시간 반 정도 거리였지요. 아침부터 밤까지 쉴 틈이 없을 정도로 벅차게 일을 해야 했습니다. 힘든 일을 한 경험이 없는데다 오랜 시간 병석에 있던 저로서는 쉬운 일이 아니었지요.

그렇게 일을 마치고 집에 돌아오면 밤 10시쯤 되었습니다. 간단히 씻고 저녁 식사 후 성경 읽고 기도를 마치면 12시쯤 되어야 잠자리에 들 수 있었습니다. 아내도 외판원 생활을 하면서 생활비를 벌었지만 제가 병든 세월 동안 워낙 진 빚이 많아서 이자조차 갚기 힘든 상황이었습니다. 하루하루 쌀을 사서 근근이 살아갔지요. 하지만 이러한 생활 속에도 제 마음은 항상 기쁨이 넘쳤고, 찬양이 끊이질 않았으며, 틈만 나면 전도했습니다.

"하나님은 살아 계십니다. 저를 보세요. 죽음만 기다리던 사람이 하나님을 만나 이렇게 치료받고 건강한 몸이 되지 않았습니까?"

현실을 볼 때는 매우 가난하고 힘들었지만, 죽음 앞에서 저를 구원하신 하나님의 사랑이 감사했고, 마음은 늘 천국 소망으로 가득했던 것입니다. 더구나 주의 종으로 부름 받은 후에는 애매히 고난을 받은 적도 많았고, 사람으로서는 견디기 어려운 일들을 여러 차례 겪으면서도 여전히 기쁨과 감사는 식을 줄 몰랐습니다.

어떻게 그럴 수 있었을까요? 중심의 감사는 또 다른 감사를 낳기 때문입니다. 저는 늘 감사의 조건을 찾아서 하나님께 기도합니다. 단지 감사기도뿐 아니라 감사헌금도 즐겨 드리지요. 예배 때마다 드리는 감사헌금 외에도 특별한 감사의 조건을 찾아 열심히 드렸습니다. 큰 믿음으로 성장하는 성도들을 보며 감사, 기사와 표적으로 성도들에게 은혜 주신 하나님께 감사, 병든 사람들을 치료하심에 감사, 해외 연합성회를 통해 영광 돌리게 하심에 감사, 큰 부흥을 주심에 감사 등 항상 감사의 조건 찾기를 즐겨했습니다.

그러니 감사할 수밖에 없는 축복과 은혜를 하나님께서 끊임없이 만들어 주셨습니다. 만일 제가 감사할 일이 있을 때만 감사하고, 어렵고 힘든 상황에서는 감사하지 못하고 불평

불만했다면 지금의 행복은 없었을 것입니다.

희락의 열매를 맺으려면

첫째로, 육을 벗어 버려야 합니다.

만일 '시기 질투'라는 속성이 없으면 상대가 축복받고 칭찬받는 것을 볼 때 자신의 일처럼 기뻐합니다. 반면에 시기 질투가 있는 만큼 상대가 잘되는 것을 보면 고통스럽지요. 상대에 대해 불편한 감정이 생기기도 하고 그가 잘된 만큼 자신은 낮아지는 것 같아서 기쁨을 잃고 낙심하는 것입니다.

또 '혈기'나 '서운함'이라는 속성이 없으면 무례한 일을 당하거나 해를 입어도 마음이 평안합니다. 자기 안에 육이 있기 때문에 서운하고 속상하며 그로 인해 마음이 무겁고 힘든 것이지요. '자기 유익을 구하는 마음'이 있으면 자기가 다른 사람보다 더 손해 보는 것 같을 때 몹시 억울하고 고통스럽습니다.

이처럼 사람에게 육의 속성이 있기 때문에 원수 마귀 사단이 그 육의 속성을 주관하여 기뻐할 수 없는 상황을 만드는 것입니다. 그리고 육이 있는 만큼 영적인 믿음을 갖지 못하기 때문에 하나님께 의뢰하지도 못하고 근심, 걱정이 늘어갑니다. 그러나 하나님을 믿고 의지하는 사람은 설령 오늘 당장 먹을 양식이 없다 해도 기뻐할 수 있습니다. 하나님께서는 분명히 우리에게 필요한 것들을 채워 주신다고 약속하셨기 때문입니다(마 6:31~33).

따라서 참 믿음이 있는 사람은 아무리 곤란한 상황에 처해도 감사의 기도로 하나님께 다 맡깁니다. 평안한 마음으로 하나님의 나라와 의를 구하고 그 후에 자신이 쓸 것을 구하지요. 그러나 하나님을 신뢰하지 못하고 자신의 생각과 계획을 의지하는 사람은 마음에 쉼이 없습니다.

사업을 하는 사람들도 성령의 음성만 바로 듣고 나간다면 범사에 형통한 길로 가며, 축복이 넘칠 것입니다. 그런데 욕심과 조급함, 비진리의 생각이 있으면 성령의 음성을 듣지 못하여 어려움이 생기지요. 결론적으로 기쁨을 잃어버리는 근본 원인은 바로 자신의 마음에 있는 육의 요소들입니다. 마음에서 육을 벗어 나갈수록 영적인 기쁨과 감사가 더 많이 임하고 범사에 형통할 수 있습니다.

둘째로, 범사에 성령의 소욕을 좇아야 합니다.

우리가 구하는 기쁨은 세상의 기쁨이 아니라 위로부터 오는, 곧 성령으로 말미암는 기쁨입니다. 우리 안에 계신 성령이 기뻐하실 때라야 우리도 기쁨과 충만함을 느낄 수 있습니다.

무엇보다 하나님께 중심으로 예배할 때, 기도하고 찬양할 때, 그리고 하나님 말씀을 지켜 행할 때 기쁨이 옵니다.

성령의 감동함 속에 자신의 부족함을 깨닫고 돌이켰을 때도 얼마나 행복합니까? 이렇게 진리로 변화되어 예전과 달라진 자신의 모습을 발견할 때도 매우 행복하고 감사하지요. 하나님께서 주시는 이 기쁨은 세상에서 얻을 수 있는 어떤 기쁨과도 비교할 수 없으며, 누구도 빼앗을 수 없습니다.

우리가 삶 속에서 어떤 선택을 할 때 성령의 소욕을 좇을 수도 있고 육체의 소욕을 좇을 수도 있습니다. 그러나 순간마다 성령의 소욕을 좇아 나가면 성령이 기뻐하시므로 우리 안에 기쁨을 가득 채워 주십니다. 요한삼서 1장 4절에 "내가 내 자녀들이 진리 안에서 행한다 함을 듣는 것보다 더 즐거움이 없도다" 했습니다. 이 말씀대로 우리가 진리를 행할 때 하나님께서 즐거워하시며 성령의 충만함 속에 기쁨을 주십니다.

예를 들어, 내 유익을 구하는 마음과 상대의 유익을 구하는 마음이 서로 싸울 때 그 갈등이 계속되면 충만함이 떨어집니다. 그러다가 육을 좇아 자기 유익을 구하면 당장은 좋아보이는 것을 가질 수 있지만 영적인 기쁨은 임하지 않습니다. 오히려 마음이 답답하고 뭔가 꺼림칙하지요. 반면, 마음을 정하여 상대의 유익을 구하면 당장은 내가 손해 본 것처럼 보여도 성령이 기뻐하시므로 위로부터 기쁨이 임합니다. 이런 기쁨은 누려 본 사람만이 알지요. 세상 누구도 줄 수 없고 알 수도 없는 행복입니다.

어느 형제 사이에 빚어진 일입니다. 형제가 함께 사는데 형은 식사를 한 뒤 그릇을 잘 치우지 않는 습관이 있습니다. 이 때문에 동생이 매번 치우다 보니 자기만 손해 보는 것 같아 늘 마음이 편치 않습니다. 그날도 형이 식사를 마치고 그냥 일어서자 동생이 한마디 합니다. "형이 먹었으니까 당연히 설거지 해야지." 그러자 형은 대뜸 "네가 치우면 되잖아." 하고 방으로 들어가 버립니다. 속상한 동생은 "자기가 먹었는데 왜 나보고 치우라고 해?" 하며 투덜대지만 형은 이미 자리를 떠난 뒤입니다.

형에게 그런 습관이 있는 것을 안다면 동생이 먼저 "내가 치울게." 하고 기쁨으로 섬기면 얼마나 좋습니까? 그런데 그럴 경우 동생은 계속 희생해야 하고, 형의 습관을 고칠 수 없을 거라고 생각하지요. 하지만 선을 행할 때 하나님께서 상대를 변화시켜 주십니다. "그동안 동생만 설거지를 하게 해서 미안하네. 이제부터는 내가 동생 것까지 치워야겠다." 이런 마음으로 변화되는 것입니다.

이처럼 당장의 불이익 때문에 육체의 소욕대로 좇으면 매번 불편하고 다툼이 생기지만, 성령의 소욕을 좇아 중심에서 섬길 때에는 마음에 기쁨이 임합니다.

범사에 마찬가지입니다. 전에는 자기 기준에 맞춰 상대를 판단하던 사람이 마음을 바꿔서 선으로 이해해 나가면 그만큼 평안해집니다. 혹여 성격이나 의견이 잘 안 맞는 사람을 만나면 어떻습니까? 모른 척하거나 눈을 피하십니까? 아니면 웃으면서 따뜻하게 인사하십니까? 세상 사람들의 입장에서는 싫은 사람에게 억지로 친절하게 대하는 것보다 피하고 외면하는 것이 편합니다.

그러나 성령의 소욕을 좇는 사람은 내가 먼저 섬기려는 마음으로 웃어 줍니다. 상대를 편안하게 해 주려는 마음으로 이렇게 자신을 죽여 나갈 때(고전 15:31) 위로부터 참 평안과 기쁨이 임하는 것을 체험하지요. 더 나아가 '누군가와 성격이 안 맞다'거나 '상대가 싫다'는 느낌조차 아예 없으면 그 평안과 기쁨을 매 순간 누릴 수 있습니다.

모처럼 맞는 휴일인데 "예배에 결석한 성도를 심방하러 가자." 혹은 "전도지를 돌리러 가자." 하고 연락이 왔다고 합시다. 편히 쉬고 싶은 마음도 있는 한편 하나님의 일을 하고 싶은 마음도 있지요. 어느 쪽을 택하든지 자유 의지에 달려 있지만 많이 자고 쉬며 몸이 편하다 해서 기쁨이 임하는 것이 아닙니다.

내 시간과 소유를 드려 하나님의 일을 했을 때 성령의 충만함과 기쁨을 느낄 수 있는 것입니다. 이렇게 한 번, 두 번 성령의 소욕을 좇아 나갈수록 영적인 기쁨이 더해질 뿐 아니라 마음도 진리의 마음으로 점점 변화됩니다. 그럴수록 희락의 열매가 실하게 영글어가고 얼굴에서는 영적인 빛이 납니다.

셋째로, 기쁨과 감사의 '씨'를 부지런히 심어야 합니다.

농부가 열매를 거두려면 씨를 심고 가꾸는 수고가 필요합니다. 마찬가지로, 희락의 열매를 맺기 위해서도 기쁨과 감사의 조건을 부지런히 찾아서 하나님께 감사의 제사를 드려야 합니다. 믿음 있는 하나님의 자녀라면 기뻐할 일이 얼마나 많습니까?

무엇과도 바꿀 수 없는 구원의 기쁨이 있습니다. 또 좋으신 하나님께서 우리 아버지가 되셔서 진리 안에 사는 자녀들을 지키시고 구하는 것마다 응답하시니 얼마나 행복합니까? 우리가 주일 성수와 십일조 생활만 온전히 해도 일 년 내내 사고나 재앙을 만나지 않습니다. 범죄하지 않고 계명을 지키며 충성하는 분들이라면 축복의 소식이 항상 넘쳐나지요.

설령 어떤 어려움에 처한다 해도 문제 해결의 방법이 성경 66권 하나님 말씀 안에 있습니다. 만일 자신의 잘못으로 인해 생긴 어려움이라면 회개하고 돌이킬 때 하나님의 긍휼을 입고 응답받을 수 있습니다. 스스로 돌아보아 책망할 것이 없다면 오히려 더 기뻐하고 감사하면 되지요. 그럴 때 하나님 께서 합력하여 선을 이루시고 더 큰 축복을 주십니다.

우리는 하나님께서 주시는 은혜를 당연한 것이라 여겨서는 안 되며 항상 기뻐하고 감사하는 고백을 드려야 합니다. 이렇게 감사의 조건을 찾아 기뻐할 때 하나님께서는 더 많은 감사의 조건들을 주십니다. 그러면 점점 더 감사와 기쁨이 커지고 마침내는 희락의 열매를 온전히 맺습니다.

희락의 열매가 맺혀도 애통하는 경우

마음에 희락의 열매가 맺혀 있다 해도 때로는 슬퍼하는 경우가 있습니다. 진리 안에서 하는 영적인 애통이지요.

먼저, 회개의 애통이 있습니다. 죄를 지어서 시험 환난이 온 경우라면 그저 기뻐하고 감사한다고만 해서 문제가 해결되는 것은 아닙니다. 범죄하고도 기뻐하는 사람이 있다면 그것은 하나님과 상관없는 육적인 기쁨입니다. 이때는 눈물로 회개하고 돌이켜야 합니다. "하나님을 믿는다 하면서 내가 어찌 이런 죄를 지었는가, 주님께서 주신 은혜를 어찌 이렇게 배신했는가!" 이렇게 철저히 통회하며 자복해야 합니다. 그럴 때 하나님께서 그 회개를 받으시고 죄의 담을 헐어 주신 증거로 기쁨이 회복됩니다. 날아갈 듯 가벼운 마음에 위로부터 새로운 기쁨과 감사가 임하는 것입니다.

그런데 회개의 애통은 내가 재앙을 당하니 힘들고 고통스러워서 서러워하는 눈물과는 분명히 다릅니다. 아무리 눈물, 콧물을 흘리며 기도한다 해도 자신의 처지를 한탄하며 우는 것이라면 결국 육적인 애통일 뿐입니다. 또한 온전히 죄에서 돌이킨 것이 아니라 형벌이 두려워서 그 순간만 모면하려는 모습이라면 참된 기쁨이 임하지 않습니다. 마음에 용서받았다는 확신도 없지요. 참된 회개의 애통이라면 결단하여 죄지을 마음 자체를 버리고 회개에 합당한 열매를 맺어야 합니다. 그럴 때라야 위로부터 영적인 기쁨이 회복되는 것입니다.

다음으로, 하나님의 영광이 가려질 때나 사망으로 가는 영혼들로 인해 애통하는 것도 진리 안에서 합당한 애통입니다. 이런 애통의 마음이 있으면 그만큼 간절하게 하나님의 나라를 위해 기도합니다. 어찌하든 더 많은 영혼을 구원하고 하나님의 나라를 확장하기 위해 성결과 권능을 구하는 것입니다. 그러니 이것은 하나님께서도 기쁘게 받으시는 애통입니다. 이런 영적인 애통을 하는 경우 마음 깊은 곳에 있는 희락이 사라지지 않습니다. 우울하고 낙심하여 힘을 잃는 것이 아니라 여전히 감사와 행복이 있는 것입니다.

수년 전, 하나님께서 하나님의 나라와 교회를 위해 애통하며 기도하시는 어떤 분의 천국 집을 보여 주신 적이 있습니다. 그분의 집은 많은 천국의 황금 보석들로 장식되어 있었는데, 그중에 유난히 크고 빛나는 진주가 많았습니다. 마치 조개가 오랜 고통을 참아내며 자신의 진액을 쏟아 한 알의 진주를 만들듯이 주님의 마음을 닮기 위해 흘린 눈물과 애통, 그리고 하나님의 나라와 영혼들을 위해 눈물 뿌려 기도했던 시간들에 대한 위로로 갚아 주신 것이지요. 그러므로 우리는 하나님을 믿음으로 항상 기뻐하되, 하나님의 나라와 영혼들을 위해 애통할 수 있어야 하겠습니다.

매사를 긍정적으로 바라보며 선한 것을 좇아야

하나님께서 첫 사람 아담을 창조하셨을 때 아담의 마음에 희락을 주셨습니다. 그러나 이때 아담이 가진 희락은 이 땅에서 경작받은 우리의 희락과는 다릅니다.

생령으로 창조된 아담에게는 육이 없었기 때문에 희락과 반대되는 요소들도 없었습니다. 슬픔, 눈물, 고통, 애통, 염려, 질병 등 기뻐하지 못하게 방해하는 조건들이 없었지요. 곧 희락의 가치를 깨달을 수 있는 상대적인 개념이 없었다는 말입니다. 질병의 고통에 시달려 본 사람만이 건강이 얼마나 소중한지 압니다. 가난으로 굶주려 본 사람이라야 풍요로운 삶이 얼마나 행복한지를 중심으로 깨달을 수 있지요.

아담은 어떤 고통도 체험해 본 적이 없었기에 자신이 누리는 삶이 얼마나 행복한지 깨닫지 못했습니다. 영원한 생명과 에덴동산의 풍요를 누리면서도 중심에서 기뻐할 줄 몰랐던 것입니다. 그러다가 선악과를 먹고 범죄한 후로는 마음에 육이 들어오므로 하나님께서 주신 희락도 잃어버렸습니다. 이 땅의 고통을 겪어나가면서 슬픔과 외로움, 서운함과 감정, 근심 등으로 마음이 채워졌던 것입니다.

그러나 이 땅에서 온갖 고통을 겪어 본 우리는 이제 아담이 잃어버린 영적인 희락을 회복해야 합니다. 그러기 위해서는 육을 벗고, 항상 성령의 소욕을 좇으며, 범사에 기쁨과 감사의 마음으로 기쁨의 씨를 심어나가야 합니다. 여기에 매사를 긍정적으로 바라보는 마음과 언제나 아름답고 선한 것을 좇고자 하는 마음이 더해질 때, 우리 안에 희락의 열매가 온전히 맺히게 될 것입니다.

이 희락은 에덴동산에 살던 아담과 달리 이미 상대성을 체험한 후에 얻은 희락입니다. 그러므로 기쁨과 즐거움이 마음 중심에서 우러나오며 영원토록 변함이 없지요. 천국에서 누리게 될 참된 행복이 이 땅에서도 우리 안에 임하는 것입니다. 더구나 이 땅의 삶을 마치고 실제 천국에 들어가면 그 기쁨을 어찌 다 말할 수 있겠습니까.

누가복음 17장 21절에 "또 여기 있다 저기 있다고도 못하리니 하나님의 나라는 너희 안에 있느니라" 말씀하셨으니 신속히 희락의 열매를 마음에 맺어 이 땅에서도 천국을 맛보며 늘 행복이 넘치는 삶을 영위하시기 바랍니다.

Chapter 4

화 평

화평의 열매란
화평의 열매를 맺으려면
항상 선한 말을 하는 것이 중요
상대의 입장에서 지혜롭게 생각해야
참된 화평은 마음으로 이루어야
화평의 열매를 맺은 사람이 받는 축복

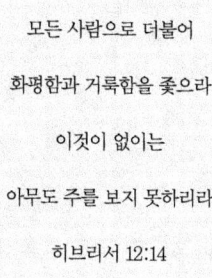

모든 사람으로 더불어

화평함과 거룩함을 좇으라

이것이 없이는

아무도 주를 보지 못하리라

히브리서 12:14

소금의 입자는 눈에 보이지 않지만 모여서 결정을 이루면 반듯한 정육면체의 아름다운 결정체가 됩니다. 또한 소금은 적은 양으로도 물에 녹아 물의 전체 구조를 바꾼다고 합니다. 무엇보다도 음식의 맛을 내는 데 없어서는 안 될 조미료이며 소금 속의 미량의 원소들은 아주 적은 양으로도 생명을 유지하는 데 필수적이지요.

하나님께서는 소금이 녹아 음식의 맛을 내고 부패를 막아 주듯이, 우리도 자신을 희생하여 주변에 은혜를 끼치고 정화시키며 화평이라는 아름다운 열매를 맺기 원하십니다. 그러면 성령의 열매 중 화평의 열매에 대해 살펴보겠습니다.

화평의 열매란

하나님을 믿는다 하면서도 자아가 살아 있으면 화평을 이룰 수 없습니다. 자기의 생각이 더 옳다고 판단되면 상대의 의견을 무시하고 무례하게 행동합니다. 다수가 찬성하여 결정한 일이라 해도 자기 유익과 맞지 않으면 계속해서 불평하고 원망합니다. 또 사람의 장점보다 단점을 보며 상대를 깎아내리는 말을 많이 하고, 안 좋은 말을 전달하여 사람들을 이간질하지요.

이런 사람들과 함께 있으면 마치 가시방석에 앉은 것 같아서 마음에 평안이 없습니다. 화평을 깨는 사람들이 있는 곳에는 문제가 생기고 시험 환난이 찾아옵니다. 크게는 나라로부터 가정이나 직장, 교회 등 어떤 단체에서나 화평이 깨지면 축복의 통로가 막히고 어려움이 생겨나게 마련입니다.

연극을 공연할 때 주연만 중요한 것이 아니라 조연과, 공연을 돕는 스태프들의 역할 하나하나가 다 중요하듯이 모든 조직이 마찬가지입니다. 극히 작은 역할이라 할지라도 잘 감당해야겠다는 마음으로 최선을 다할 때 더 크게 쓰임 받을 수가 있지요. 또한 역할이 크다고 해서 교만할 것이 아니라 주변 사람들의 입장도 생각하여 겸손하며, 그들도 성장할 수 있는 길을 열어 줄 때 모든 일들이 화평 가운데 아름답게 이루어질 수 있습니다.

로마서 12장 18절에 "할 수 있거든 너희로서는 모든 사람으로 더불어 평화하라" 말씀하며, 히브리서 12장 14절에는 "모든 사람으로 더불어 화평함과 거룩함을 좇으라 이것이 없이는 아무도 주를 보지 못하리라" 말씀합니다.

여기서 화평이란 비록 내가 옳다 하더라도 상대에게 맞춰 줄 수 있고, 내 믿음이 크다 하더라도 믿음이 작은 사람의 마음에 여유를 줄 수 있는 마음입니다. 곧 진리 안에서 이것도 저것도 가한 융통성 있는 마음이며, 모든 사람의 유익을 좇을 수 있고 편벽되이 치우치지 않는 마음입니다. 또한 자신을 드러내거나 상대의 단점을 보지 않음으로 어느 누구와도 걸리지 않는 마음이지요.

하나님의 자녀들이라면 부부간에, 형제간에, 부모 자녀 간에, 이웃 간에는 물론 그 외 모든 사람과도 화평해야 합니다. 나를 사랑하는 사람뿐 아니라 애매히 나를 미워하고 괴롭히는 사람들과도 화평을 이뤄야 하지요. 특히 교회에서는 화평을 이루는 것이 매우 중요합니다. 화평이 깨지는 곳에는 하나님께서 역사하실 수가 없고 오히려 원수 마귀 사단에게 송사거리를 내주기 때문입니다. 또한 하나님의 일을 이룸에 있어서 아무리 충성하고 좋은 결과를 냈다 해도 화평이 깨졌다면 칭찬받을 수 없습니다.

창세기 26장을 보면, 아브라함의 아들 이삭은 상대가 다툼을 걸어오는 상황에서도 선으로 참으며 화평을 이루었습니다. 이삭이 흉년을 피해 블레셋 사람이 사는 지역에 머물 때의 일입니다. 그곳에 살면서 하나님께 축복을 받아 가축과 종이 늘고 세력이 커지자, 블레셋 백성들이 시기하여 이삭의 우물을 막고 흙으로 메워 버립니다.

그 지방은 강수량이 적은 데다 여름철에는 비가 오지 않기 때문에 우물은 생명줄이라 할 만큼 중요한 자산이었습니다. 이처럼 귀한 우물을 막아 버렸는데도 이삭은 그들에게 따지거나 싸우지 않았습니다. 조용히 그곳을 떠나 다른 곳에서 우물을 팠지요. 그런데 힘들게 우물을 파 놓으면 블레셋 사람들이 몰려와 자기 것이라고 우기며 훼방을 놓았습니다. 이런 일을 겪으면서도 이삭은 아무런 항의도 하지 않고 그들에게 양보합니다. 그리고 다른 곳으로 옮겨 또다시 우물을 파는 것입니다.

이런 일이 있을 때마다 화평을 좇아 선으로 대하니 하나님께서는 그가 가는 곳마다 물을 얻을 수 있도록 축복하셨습니다. 그러자 이를 지켜본 블레셋 사람들은 하나님께서 이삭과 함께하신다는 사실을 깨닫고 두려워하며 더 이상 대적하지 못합니다. 만일 이삭이 부당한 일을 당했다고 해서 변론하고 싸웠다면 결국 상대와 원수를 맺고 그 지역을 떠나야 했을 것입니다. 또한 아무리 정당하게 변론한다 해도 이미 악한 마음으로 다투고자 하는 사람에게는 아무 소용이 없지요. 그래서 이삭은 오히려 양보하며 선으로 대하여 화평의 열매를 맺었던 것입니다.

이처럼 우리도 화평의 열매를 맺을 때 하나님께서 모든 상황을 주관하여 형통하게 하십니다. 어떻게 해야 우리도 이러한 화평의 열매를 맺을 수 있을까요?

화평의 열매를 맺으려면

첫째, 하나님과 화평해야 합니다.

하나님과 화평하기 위해 가장 중요한 것은 죄의 담이 없어야 한다는 것입니다. 아담은 하나님의 명을 어기고 선악과를 먹은 뒤부터 하나님을 피하여 숨게 되었습니다(창 3:8). 전에는 너무나 가깝고 친밀했던 하나님이 이제는 두렵고 멀게만 느껴졌지요. 죄로 인해 하나님과 화평이 깨져 버렸기 때문입니다.

우리도 진리 안에서 행할 때는 하나님과 화평하므로 담대합니다. 물론 온전한 화평을 이루려면 마음의 죄악을 다 벗어 버리고 성결되어야 합니다. 그러나 아직 온전치는 못하다 해도 각자 믿음의 분량 안에서 열심히 진리를 행할 때는 하나님과 화평한 관계를 이룰 수 있습니다. 처음부터 믿음이 온전한 사람처럼 화평할 수는 없지만 자신의 현재 믿음 안에서 최대한 화평을 좇고자 하면 화평할 수 있는 것입니다.

사람들과의 화평을 이룰 때도 먼저는 하나님과의 화평 안에서 곧 진리 안에서 화평해야 합니다. 부모와 자녀 간에, 부부 사이에, 친구 사이에, 직장 동료 간에 화평을 좇되 진리에 벗어나는 일들은 하지 말라는 것입니다. 즉 사람 사이에 화평하기 위해 하나님과 화평을 깨뜨려서는 안 된다는 것이지요.

예를 들어, 믿음이 없는 가족과 화평하기 위해서 우상 앞에 절하거나 주일을 안 지킨다면 어찌 될까요? 잠시 화평을 이룬 것 같지만 영적으로는 하나님 앞에 죄의 담을 만들어 화평을 크게 깨뜨린 것입니다. 이처럼 사람들과 화평하기 위해서 죄를 지을 수는 없는 일입니다. 또 가족이나 친구 결혼식에 참석하기 위해 주일을 지키지 않는다면 하나님과 화평이 깨짐은 물론 결국 그들과도 참된 화평을 이룰 수 없습니다.

사람 사이에 참된 화평을 이루려면 먼저 하나님을 기쁘시게 해야 합니다. 그럴 때 하나님께서 원수 마귀 사단을 물리쳐 주시고 악한 자의 마음도 돌이키게 하심으로 화평을 이뤄 주시는 것입니다. 잠언 16장 7절에 "사람의 행위가 여호와를 기쁘시게 하면 그 사람의 원수라도 그로 더불어 화목하게 하시느니라" 하신 대로이지요.

물론 내 편에서는 진리 안에 최선을 다하는데도 상대가 악하여 계속 화평을 깰 때도 있습니다. 이럴 경우에도 끝까지 진리로 대하면 하나님께서 합력하여 선을 이뤄 주십니다. 다윗과 사울의 경우가 그러했습니다. 사울이 다윗을 시기하여 죽이고자 했지만 다윗은 끝까지 선으로 대했습니다. 사울을 죽일 수 있는 상황이 몇 차례 있었어도 다윗은 선을 좇아 하나님과 화평하는 편을 선택했습니다. 그러자 결국은 하나님께서 다윗을 왕으로 세우심으로 그의 선한 행함을 갚아 주셨던 것입니다.

둘째, 자신과 화평을 이뤄야 합니다.

자신과 화평을 이루기 위해서도 악은 모양이라도 버리고 성결되어야 합니다. 마음에 악이 있으면 상황과 조건에 따라 그 악이 요동하므로 화평이 깨질 수밖에 없습니다. 자신이 원하는 대로 일이 잘 풀릴 때는 화평한 것 같아도 어떤 환경과 조건이 악과 결부되면 이내 화평이 깨지고 마는 것입니다. 미움이나 혈기가 마음에서 부글부글 끓어오르면 얼마나 힘들고 불편합니까? 어떤 환경 속에서도 우리가 진리를 택해 나가면 결국 마음에 평안을 이룰 수 있습니다.

그런데 어떤 사람은 하나님과 화평하려고 열심히 진리를 좇아 행한다고 하는데도 마음에 참 평안이 없습니다. 왜 그럴까요? 진리 안에서 잘못 만들어진 '자기 의'와 '성격의 틀' 등으로 인해 그런 것입니다.

예를 들어, 하나님 말씀에 너무 매여 있어서 마음에 평안이 없는 사람이 있습니다. 마치 연단받기 전의 욥처럼 열심히 기도도 하고 말씀대로 살고자 노력하지만 하나님을 사랑하는 마음으로 하는 것이 아닙니다. 징계가 올까 두려워서 초조한 마음으로 행하는 것입니다. 그러다 어느 순간에 진리를 행치 못하면 징계를 받지는 않을까 하고 잔뜩 주눅이 듭니다.

이런 경우라면 아무리 열심히 진리를 행한다 한들 마음이 얼마나 힘들겠습니까? 그래서 믿음의 성장이 정체되거나 얼굴에 기쁨이 사라집니다. 결국 자기 의와 틀 때문에 힘들어하는 것입니다. 이런 경우는 행위 자체에 집착하기보다는 하나님을 사랑하는 마음을 이루기 위해 더 노력해야 합니다. 하나님을 중심으로 사랑하며 또 하나님의 사랑을 깨닫는 만큼 평안을 누릴 수 있습니다.

또 다른 예로, 부정적인 사고의 틀 때문에 자신과의 화평을 이루지 못하는 경우가 있습니다. 열심히 진리대로 행하려고 노력은 하지만 만족할 만한 결과가 나오지 않으면 심히 자책하고 고통받는 것이지요. 하나님 앞에도 민망할 뿐 아니라 '나는 왜 이 모양일까' 하고 낙담해서 힘을 잃어버립니다. '이것 때문에 주변 사람들이 실망하면 어쩌나, 사람들에게 외면당하면 어쩌나…' 하며 평안을 잃어버리지요.

이런 사람들은 '영적인 어린아이'가 되어야 합니다. 부모의 사랑을 믿는 어린아이들은 단순합니다. 잘못을 해도 두려워하며 숨는 것이 아니라 더 애교를 부리면서 품에 안겨 들지요. 자녀가 사랑스러운 얼굴로 "잘못했어요. 다음에는 안 그럴게요. 잘할게요." 하면 부모는 혼을 내려다가도 웃어 버립니다.

말로만 "잘할게요." 하고 같은 잘못을 계속하라는 의미가 아닙니다. 잘못한 것은 돌이킬 마음이고 앞으로는 정말 잘하겠다는 마음이 진실하다면 어찌 하나님께서 외면하시겠습니까? 진정으로 회개한 사람은 자책하여 힘을 잃거나 남의 시선 때문에 낙심하지 않습니다. 물론 공의에 따라 징계를 받을 수도 있고 잠시 동안 낮은 자리에 처할 수도 있습니다. 그렇다 해도 정녕 하나님의 사랑을 확신한다면 징계도 달게 받고 사람의 눈치를 보지도 않지요.

그렇지 않고 '나는 아직 죄를 용서받지 못했을 거야.' 하고 의심하면 하나님께서 기뻐하지 않으십니다. 정녕 회개하고 돌이켰다면 용서받았다고 믿어야 하나님을 기쁘시게 해 드리는 것입니다. 설령 잘못한 것에 대해 연단이 오더라도 기쁨과 감사로 받으면 축복이 됩니다.

그러므로 먼저는 "내가 아직 온전치 않아도 변화되기 위해 노력하면 하나님이 나를 사랑하시고 온전케 하신다."는 사실을 믿으시기 바랍니다. 또한 연단받는 중에 하나님 앞에서 철저히 낮아질 때 결국은 더 높여 주실 하나님을 신뢰해야 합니다. 당장 사람에게 인정받고자 초조해하는 것이 아니라 하나님 앞에 진실한 마음과 행함으로 계속 쌓아 가면 자신과의 화평은 물론, 영적인 담대함도 가질 수 있습니다.

셋째, 모든 사람과 화평해야 합니다.

모든 사람과 화평하려면 무엇보다 자기를 희생할 수 있어야 합니다. 상대를 위해 자신을 희생하되 생명까지 줄 수 있어야 하지요. "나는 날마다 죽노라" 고백한 사도 바울처럼, 내 것, 내 입장, 내 스타일 등을 고집하는 자아가 없어야 모든 사람과 화평할 수 있습니다.

화평을 이루면 남에게 무례히 행치 않고 자신을 드러내 자랑하지 않습니다. 중심에서 나를 낮추고 상대를 높이며, 편벽되이 한쪽에 치우치지도 않지요. 또한 진리 안에서 이것도 저것도 가하게 여길 수 있는 양면성 있는 마음입니다. 범사에 자신의 믿음에 맞추는 것이 아니라 상대의 입장에서 생각하며 맞춰 줍니다. 설령 내 의견이 더 옳고 좋다 해도 상대의 의견에 따라 주는 것입니다.

그렇다고 해서 상대가 범죄하여 멸망의 길로 가는데도 그냥 둔다거나 오히려 타협하여 같이 비진리를 행하라는 것이 아닙니다. 때로는 사랑의 권면과 책망도 필요하지요. 이렇게 진리 안에서 화평을 이룰 때 하나님께서 주시는 큰 축복을 받을 수 있습니다.

또한 모든 사람과 화평하려면 자기 의와 틀을 주장하지 말아야 합니다. '자기 틀'이란 살아오면서 성격이나 취향 등으로 자신이 옳다고 만들어 놓은 모습을 말하며, '자기 의'란 상대에게 자신의 틀에 맞는 모습을 강요하는 것을 말합니다. 이러한 모습은 인간관계에서 여러 가지 형태로 나타납니다.

만일 누군가 회사의 방침을 어기면서 스스로 생각하기를 '회사의 방침은 잘못됐어. 이것이 더 옳은 방법이야.' 하며 자기를 합리화한다면 어떨까요? 스스로는 잘하는 것 같지만 상사나 동료들이 볼 때는 옳지 않을 수도 있습니다. 또한 비진리가 아니라면 질서에 순종하는 것이 진리입니다.

사람마다 타고난 성품과 자란 환경이 다릅니다. 교육받은 내용도, 믿음의 분량도 다르지요. 그래서 사람마다 옳고 그름의 기준이 다르고 좋고 나쁨의 기준도 다릅니다. A는 옳다고 생각해도 B는 옳지 않다고 생각할 수 있는 것입니다.

부부의 예를 들어 보겠습니다. 남편은 집 안이 항상 정리

되어 있기를 원하는데 아내는 정리정돈을 잘 하지 않습니다. 남편이 처음에는 사랑으로 참고 아내 대신 정리정돈을 하지만, 이런 생활이 계속 반복되면서 짜증이 납니다. 아내가 가정교육을 잘못 받았다는 생각도 들고, '깨끗이 정리하는 것이 좋은데 왜 이 정도도 못하나?' 답답해하지요. 몇 번씩 권면해도 고쳐지지 않고, 1년이 가고 2년이 가도 여전합니다.

그런데 아내의 입장에서도 할 말이 있습니다. "사람이 늘 청소만 하면서 사는 것도 아닌데…. 내가 못 치웠을 때는 대신 치워 주면 되지 왜 매번 불평을 할까? 예전에는 사랑해서 뭐든지 해줄 것 같더니 이제는 겨우 그런 문제로 불편해하고 가정교육까지 거론하며 힘들게 하나….' 하며 서운해하지요. 이렇게 서로 간에 자기 입장만 주장해서는 화평을 이룰 수 없습니다. 내 입장, 내 기준에 맞추지 말고 상대의 입장에서 생각하며 섬길 때라야 화평이 이뤄지는 것입니다.

예수님께서는 "예물을 제단에 드리다가 거기서 네 형제에게 원망 들을 만한 일이 있는 줄 생각나거든 예물을 제단 앞에 두고 먼저 가서 형제와 화목하고 그 후에 와서 예물을 드리라"(마 5:23~24) 하셨습니다. 먼저 형제와 화목하고 나서 하나님께 예물을 드릴 때라야 그 예물이 열납된다는 것입니다.

하나님과 화평하고 자신과도 화평한 사람이라면 다른

사람과도 화평을 깨뜨리지 않습니다. 이미 자기 욕심과 교만, 자존심, 자기 의와 틀도 깨뜨려 버렸을 것이니 어느 누구와 걸릴 일도, 다툴 일도 없습니다. 설령 상대가 악하여 화평을 깨려고 해도 내 편에서 섬기고 희생함으로 결국은 화평을 이루게 됩니다.

항상 선한 말을 하는 것이 중요

이렇게 화평을 이루는 과정에서 몇 가지 깨달아 볼 것이 있습니다. 화평을 이루기 위해서는 항상 선한 말을 하는 것이 참으로 중요합니다. 잠언 16장 24절에 "선한 말은 꿀송이 같아서 마음에 달고 뼈에 양약이 되느니라" 하신 대로 선한 말은 낙심한 사람에게 힘과 용기를 주며 죽어 가는 영혼을 살리는 좋은 약이 되기도 합니다.

반대로 악한 말은 화평을 깨뜨립니다. 솔로몬 왕의 아들 르호보암이 즉위할 당시, 열 지파의 백성들이 심한 고역을 덜어 달라고 왕에게 탄원합니다. 그때 르호보암은 "내 부친은 너희의 멍에를 무겁게 하였으나 나는 더할지라 내 부친은 채찍으로 너희를 징치하였으나 나는 전갈로 하리라"(대하 10:14) 하였는데, 결국 이 한마디 말로 인해 백성들과 왕 사이는 벌어지게 되었고, 이후 나라가 둘로 갈라지고 말았습니다.

이처럼 혀는 사람의 몸 중에서 작은 지체이지만 엄청난 위력을 가지고 있습니다. 마치 작은 불씨가 화근이 되어 많은 재산 손실과 인명 피해를 가져오는 것과 같습니다. 그래서 야고보서 3장 6절에 "혀는 곧 불이요 불의의 세계라 혀는 우리 지체 중에서 온몸을 더럽히고 생의 바퀴를 불사르나니 그 사르는 것이 지옥 불에서 나느니라" 말씀하는 것입니다. 또 잠언 18장 21절에는 "죽고 사는 것이 혀의 권세에 달렸나니 혀를 쓰기 좋아하는 자는 그 열매를 먹으리라" 말씀하지요.

특히 서운함으로 낸 말이나 자기 생각에 맞지 않을 때 내는 불평의 말에는 악한 감정이 섞여 있어서 원수 마귀 사단이 역사합니다. 서운함이나 불평, 불만을 마음에 가지고만 있는 것과, 그 감정을 말이나 행동으로 나타낸 것은 매우 큰 차이가 납니다. 검은색 잉크병을 호주머니 속에 가지고 있는 것과 병마개를 열고 뿌리는 것과는 분명한 차이가 있지요. 병마개를 열고 뿌리면 자신은 물론 주변 사람들에게까지 검은색 잉크가 튀게 됩니다.

마찬가지로 하나님의 일을 이룰 때에 자신의 생각과 다르다고 불평, 불만한다면 그 말을 누군가 들었을 때 같은 생각을 가진 이들끼리 서로 말을 맞추게 됩니다. 하나가 둘이 되고, 둘이 셋이 되면 사단의 회가 만들어지는 것입니다. 그러면 화평이 깨지고 자연히 부흥도 멈추지요. 그러므로 삼가 선한 것만 보고 들으며 선한 말만 해야 합니다(엡 4:29). 선한 말, 진리가 아닐 때에는 아예 들으려고 하지도 말아야 하는 것입니다.

상대의 입장에서 지혜롭게 생각해야

다음으로 생각해 보아야 할 것은, '내 편에서는 감정도 없고 화평한데 상대가 화평을 깬다.' 생각될 때 정말 상대의 탓인가 하는 점입니다. 고의는 아니었다 해도 내 편에서 화평을 깨는 원인 제공을 해 놓고도 깨닫지 못하는 경우가 있기 때문입니다.

부지중에 상대를 배려하지 못하고 지혜롭지 못한 말이나 행동으로 상대의 감정을 상하게 만들기도 합니다. 이럴 때 자기 입장에서만 생각하여 "나는 상대에게 감정이 없다."고 고집한다면 결국 화평이 이뤄질 수 없고, 자신을 발견하여 변화될 수도 없습니다. 정녕 상대의 입장에서도 내가 화평을 좇는 사람으로 보일 것인지 분별할 수 있어야 하는 것입니다.

또 윗사람의 입장에서는 "나는 화평을 이루었다"고 생각하지만 아랫사람은 힘들어하는 경우도 있습니다. 윗사람이기에 불편한 내색은 못하지만 속으로는 상처받고 힘들어하는 것이지요.

조선시대의 황희 정승이 겪었던 일입니다. 어느 날, 길을 가다가 소 두 마리를 몰며 밭을 가는 늙은 농부를 보았습니다. 황희는 그 농부를 향하여 큰 소리로 "두 마리 소 중에 어떤 소가 일을 잘합니까?" 하고 물었습니다. 그러자 농부는 갑자기 그를 붙잡고 멀리 가더니 "검은 소는 꾀를 부리지만 누런 소는 일을 잘하지요." 하며 조그맣게 속삭이는 것입니다. 이에 황희는 웃으며 "아니, 하찮은 소를 보고 물어보는데 굳이 여기까지 와서 귀에 속삭일 필요가 있습니까?" 하였습니다. 그 말에 농부는 "아무리 하찮은 동물이라도 자신에게 나쁜 말을 하면 싫어하는 법입니다."라고 대답했지요. 곧 황희는 자신의 경솔함을 깨닫게 되었다고 합니다.

만일 두 마리의 소가 사람의 말을 알아들을 수 있다면 어떤 일이 생길까요? 농부가 아무 생각 없이 "누런 소가 일을 더 잘한다."고 했다면 칭찬을 받은 누런 소는 교만해졌을 것입니다. 또한 검은 소는 이를 시기하여 심통을 부리거나 낙망하여 오히려 전보다 일을 더 못할 수도 있지요.

우리는 이를 통해 미물이라도 배려해 주는 마음을 배울 수 있으며, 어느 한편을 편애하는 말과 행동은 삼가 조심해야 한다는 것을 깨달을 수 있습니다. 사람들 사이에도 편애하는 모습을 보이면 시기와 교만 등이 드러납니다. 예를 들어, 사람들 앞에서 두드러지게 한 사람만 칭찬하고 높여 준다거나 반대로 한 사람만 지적하고 책망한다면 이는 서로 간에 불화의 소지를 제공하는 것이니 때와 장소와 상황을 잘 살펴서 지혜롭게 행할 수 있어야 합니다.

더구나 조직 내에서 윗사람이 차별하고 편애하는 일 때문에 스스로 고통을 당했음에도 불구하고 막상 자신이 상사가 되면 똑같이 남을 차별하고 편애하는 사람이 있습니다. 그런 경험이 있었다면 더더욱 말과 행동을 삼가고 서로 간에 화평을 깨는 일이 생기지 않도록 해야 할 것입니다.

참된 화평은 마음으로 이루어야

화평을 이루어 감에 있어 또 한 가지 깨달아 봐야 할 점은, 참된 화평은 마음으로 이뤄야 한다는 것입니다. 하나님과 혹은 자신과 화평하지 못한 사람도 다른 사람들과는 어느 정도 화평을 유지할 수 있습니다. 더구나 하나님을 믿는 사람들은 화평을 깨면 안 된다는 말씀을 늘 듣고 배우기 때문에, 자신과 맞지 않는 상대를 만나도 감정을 절제하여 부딪치지 않을 수 있습니다. 그러나 겉으로 충돌하지 않는다고 해서 화평의 열매를 맺었다고 할 수는 없지요. 성령의 열매는 겉모습만이 아니라 마음의 열매로 맺히는 것입니다.

예를 들어, 상대가 나를 섬겨 주지 않고 인정해 주지 않을 때 속으로는 서운하고 속상하지만 겉으로는 표현하지 않을 수 있습니다. "내가 참아야지." 하면서 상대에게 맞춰 주었는데 다음에도 똑같은 상황이 벌어지면 어떨까요?

서운한 마음이 점점 쌓이게 됩니다. 그러면 자존심 때문에 직접 표현은 못하지만 말을 돌려서 상대를 자극하기도 하고, 은연중에 피해 의식을 드러내기도 합니다. 때로는 상대를 이해함으로 화평한 것이 아니라, 상대와 변론하다 보면 다툼이 생길까 염려하여 입을 다물어 버리기도 합니다. "저 사람은 악하고 자기 주장이 강하여 대화가 통하는 사람이 아니다." 하면서 상대를 무시하는 마음으로 물러서 버리는 것이지요.

이렇게 해서 겉으로 화평을 깨지는 않았다 해도 상대에 대해 감정이 좋지는 않습니다. 상대의 의견에 마음을 모아 주지도 않고 그를 가까이하기 싫어합니다. 나중에 다른 사람에게 상대의 허물을 말하며 불평하기도 하지요. "그 사람은 참 악하다. 나는 그에게서 이해하지 못할 일을 당했지만 참고 선으로 행했다." 하면서 결국 상대에 대해 불편함을 말하는 것입니다. 물론 상대와 직접적으로 화평을 깨는 것보다는 낫습니다.

그러나 참된 화평을 이루려면, 진정으로 상대를 섬기는 마음이어야 합니다. 섬김 받고자 하는 마음을 여전히 가지고 있으면서 억지로 참는 것이 아니라 진정으로 섬기는 마음, 상대의 유익을 구하는 마음이 되어야 하는 것입니다.

속으로는 내 기준에 맞춰 상대를 판단 정죄하면서 겉으로만 웃는 것이 아니라 중심에서 상대의 입장을 이해해 줘야 하지요. 그럴 때는 성령이 역사하십니다. 상대가 자기 유익을 구하다가도 마음에 감동을 받아 변화됩니다. 부족함이 있다 해도 서로가 자기 탓으로 돌릴 수 있고 결과적으로 마음을 주고받을 수 있는, 참으로 화평한 관계가 이뤄집니다.

화평의 열매를 맺은 사람이 받는 축복

하나님과 화평하고 자기 자신과 화평하며 모든 사람과 화평한 사람은 어둠을 물리치는 권세가 있습니다. 그래서 주변에도 화평을 이뤄 줄 수 있지요. 마태복음 5장 9절에 "화평케 하는 자는 복이 있나니 저희가 하나님의 아들이라 일컬음을 받을 것"이라는 말씀대로 하나님의 자녀 된 권세, 빛의 권세가 있는 것입니다.

가령, 영혼을 갈무리하는 사명을 맡은 사람이라면 영혼들로 하여금 화평의 열매를 맺도록 도와줄 수 있습니다. 곧 말씀의 권세와 능력으로 진리의 꼴을 먹여 영혼들이 죄에서 떠나고 자기 의와 틀을 깨뜨릴 수 있도록 심방하고 양육하는 것이지요. 사람들 사이에 이간질하고 불평하며 분리하는 사단의 회가 생길 때도 말씀의 권세로 깨뜨릴 수 있습니다. 그래서 사람과 사람 사이에도 화평을 이루게 할 수 있는 것입니다.

요한복음 12장 24절에 "한 알의 밀이 땅에 떨어져 죽지 아니하면 한 알 그대로 있고 죽으면 많은 열매를 맺느니라" 말씀합니다. 예수님께서는 한 알의 밀알처럼 희생하여 죽으심으로 무수한 열매를 맺으셨습니다. 죽어 가던 많은 영혼들의 죄를 사하시고 하나님과 화평케 하셨지요. 그 결과 주님 자신은 만왕의 왕, 만주의 주가 되시며 큰 존귀와 영광을 받으셨습니다.

이처럼 자기가 죽지 않으려고 버티는 것이 아니라 죽어지고 희생할 때라야 많은 열매를 거두게 됩니다. 하나님께서는 사랑하는 자녀들이 예수님처럼 희생하고 죽어짐으로 많은 열매를 맺기 원하십니다. 예수님께서도 요한복음 15장 8절에 "너희가 과실을 많이 맺으면 내 아버지께서 영광을 받으실 것이요 너희가 내 제자가 되리라" 말씀하셨으니 성령의 소욕을 좇아 화평의 열매를 맺으며 많은 영혼을 구원의 길로 인도해야 하겠습니다.

히브리서 12장 14절에 "모든 사람으로 더불어 화평함과 거룩함을 좇으라 이것이 없이는 아무도 주를 보지 못하리라" 말씀합니다. 아무리 자신이 옳은 것 같아도 나로 인해 상대가 불편해하고 소리가 나며 부딪치는 일이 있다면 하나님 앞에 합당하지 않은 면이 있음을 알아 자신을 살펴보아야 합니다. 그럴 때 악은 모양도 없는 성결된 사람이 되어 주를 뵈올 수 있는 것입니다. 그리하여 이 땅에서도 하나님의 아들이라 일컬음을 받으며 영적인 권세를 누릴 뿐 아니라 천국에서도 늘 주의 얼굴을 뵈올 수 있는 존귀한 자리에 이르시기 바랍니다.

Chapter 5
오래 참음

참는다는 말 자체가 필요없는 오래 참음
오래 참음의 열매란
오래 참음으로 응답받은 믿음의 선진들
천국에 가기 위해서도 필요한 오래 참음

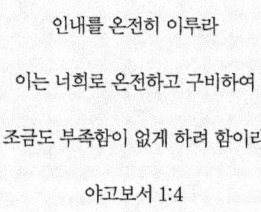

인내를 온전히 이루라

이는 너희로 온전하고 구비하여

조금도 부족함이 없게 하려 함이라

야고보서 1:4

삶 속에서 '참느냐, 참지 못하느냐'에 따라 행복과 불행이 결정되는 경우가 많습니다. 부모 자녀 간에, 혹은 부부나 형제, 친구 사이에 서로 참지 못하여 돌이킬 수 없는 후회를 낳기도 합니다. 또 이에 따라 학업이나 직장생활, 사업 등의 성패가 좌우되기도 합니다. 이처럼 오래 참는다는 것은 참으로 중요한 삶의 요소입니다.

그런데 영적인 의미의 오래 참음과 세상 사람들이 말하는 오래 참음은 다릅니다. 세상 사람들도 참기는 하지만 대부분 육적인 인내를 합니다. 감정 상할 일이 생기면 참느라고 얼마나 고통받습니까? 이를 악물고 부들부들 떨기도 하고, 식음을 전폐하며 끙끙 앓다가 노이로제나 우울증 같은 병을 얻기도 하지요. 이렇게 억지로라도 참는 사람을 인내심이 강하다고 합니다. 그러나 영적인 오래 참음은 이런 것이 아닙니다.

참는다는 말 자체가 필요없는 오래 참음

영적인 참음은 악으로 참는 것이 아니라 선으로 참는 것입니다. 선으로 참을 때는 힘든 일도 소망 중에 감사함으로 이겨 내며 결과적으로 더 넓고 큰 마음이 됩니다. 반면 악으로 참을 때에는 감정이 쌓여 병이 되거나 점점 심성이 거칠어집니다.

누가 애매하게 욕을 하며 고통을 준다고 합시다. 그럴 때 자존심이 상하고 억울하지만 "하나님 말씀대로 참아야지." 하면서 억지로 참을 수는 있지요. 그러나 얼굴이 빨갛게 상기되고 숨이 거칠어지며 마음을 다스리기 위해 입을 꾹 다물고 한마디도 하지 않습니다. 이렇게 꾹꾹 눌러 참는 것은 나중에 어떤 계기가 되면 걷잡을 수 없이 터져 나오기도 합니다. 이런 참음은 영적인 오래 참음이라 할 수 없지요.

마음에 영적인 오래 참음이 있다면 어떤 일을 당해도 요동하지 않습니다. 애매히 비난을 받아도 "오해가 있나 보다." 하며 어찌하든 상대의 마음을 풀어 주고자 합니다. 이런 마음이 되면 '참는다'거나 '용서한다'는 말 자체가 큰 의미가 없을 것입니다. 이해하기 쉽게 비유를 들어 보겠습니다.

유난히 추운 겨울, 어느 집에 밤늦도록 불이 꺼지지 않았는데, 아이가 40도를 오르내리는 고열로 심하게 아팠기 때문입니다. 아이를 보살피던 아버지는 생각 끝에 찬물에 적신 윗옷을 입고 아이를 조심스레 안았습니다. 찬 수건을 얹어 주면 아이가 놀라고 싫어했는데, 아이가 아버지 품을 느끼면 그나마 찬 것에도 놀라지 않고 가만히 있었기 때문입니다.

옷이 아이의 열 때문에 따뜻해지면 다시 찬물에 적시기를 반복했습니다. 아이의 고통을 덜어 주고자 옷을 수십 번 찬물에 적셔 입으면서 아버지는 아침을 맞았지요. 아버지의 얼굴에는 힘들다거나 지쳐 보이는 기색이 전혀 없습니다. 어느새 품 안에서 곤히 잠든 아이를 바라보는 눈빛에는 말할 수 없는 애틋함이 담겨 있습니다.

밤새 꼬박 뜬 눈으로 지새웠다 해도 "배고프고 졸려서 견디기 힘들다."며 불평하지 않습니다. 자신이 힘든 것을 생각할 겨를이 없지요. '어떻게 해야 빨리 나을까? 어찌하면 좀 편하게 해 줄까?' 여기에만 마음을 쏟는 것입니다. 그러다가 아이의 증세가 호전되면 자신이 힘들었던 것은 생각지 않고 그저 기쁘고 행복합니다. 이처럼 상대를 사랑한다면 자신이 힘들고 수고스러운 것도 얼마든지 참고 인내할 수 있기 때문에 참는다는 말 자체가 필요없습니다. 이러한 것이 바로 영적인 오래 참음입니다.

오래 참음의 열매란

고린도전서 13장에도 영적인 오래 참음이 나오는데, 이는 '사랑을 이루기 위한 오래 참음'에 해당합니다. 예를 들어, 사랑은 "자기의 유익을 구치 않는다" 했는데, 이 말씀대로 자기가 원하는 것을 포기하고 상대의 유익을 구하려면 참아야 하는 상황들을 만납니다. 이렇게 사랑을 이루기 위해 참는 것이 사랑장에 나오는 오래 참음입니다.

성령의 열매 중에 '오래 참음'은 '모든 것에 대한 오래 참음'으로서 사랑장의 오래 참음보다 한 차원 더 높은 것입니다. 하나님의 나라를 이루기 위해서든, 자신의 성결이나 소원을 위해서든 목적을 이룰 때까지는 고난이 있습니다. 애통도 있고 진액을 다하는 수고도 따르지요. 그러나 그 열매를 바라보는 소망이 있기에 믿음과 사랑으로 기다릴 수 있습니다. 이러한 성령의 열매 중의 오래 참음을 크게 세 가지 분야로 나누어 살펴보겠습니다.

첫째, 마음을 개조하기 위한 오래 참음입니다.

마음에 악이 많을수록 오래 참기가 어렵습니다. 혈기, 교만, 욕심, 자기 의와 틀 등이 많으면 작은 일에도 분이 나고 감정과 서운함이 생기지요. 한 달 수입이 1천5백만 원 정도인 어떤 성도가 어떤 달에는 갑자기 수입이 많이 줄자, 순간 서운한 마음이 들면서 하나님을 원망했다고 합니다. 마음에 욕심이 생겨 그동안 누린 풍족한 삶에 대해 감사하지 못했다는 고백을 들어보았습니다. 설령 수입이 얼마 되지 않는다 해도 우리는 하나님이 주신 것에 감사할 수 있는 마음이어야 합니다. 그럴 때 마음에 욕심이 틈타지 못하고 하나님이 주시는 축복을 마음껏 받을 수 있습니다.

우리가 죄악을 버리고 성결을 이루는 만큼 오래 참는 것도 점점 더 쉬워집니다. 어떤 어려운 상황에 처한다 해도 잠잠히 기다릴 수 있지요. 억지로 눌러 참지 않아도 이해되고 용서되는 것입니다. 누가복음 8장 15절에 "좋은 땅에 있다는 것은 착하고 좋은 마음으로 말씀을 듣고 지키어 인내로 결실하는 자니라" 말씀했습니다. 곧 옥토와 같은 좋은 마음을 가진 사람은 열매를 맺기까지 인내할 수 있다는 말씀입니다.

그런데 자기 마음 밭을 개간하여 좋은 밭 곧 옥토로 만들기 위해서도 노력과 인내의 과정이 필요합니다. 성결은 마음으로 간절히 원하기만 한다고 저절로 이뤄지는 것이 아닙니다. 마음을 다해 불같이 기도하고 금식하며 철야하는 등 부단히 자신을 쳐서 복종시켜 나가야 하지요. 예전에 좋아하던 것도 영적으로 유익이 되지 않으면 끊어 버려야 합니다. 힘들다고 중간에 쉬어서는 안 되고 몇 번 해 보고 그쳐서도 안 됩니다. 성결의 열매를 온전히 거둘 때까지 부단히 수고하고 절제하며 말씀대로 행해야 합니다.

우리 신앙의 최종 목적지는 천국입니다. 그중에서도 가장 아름다운 천국 새 예루살렘입니다. 그곳에 이를 때까지 부단히 인내하며 믿음으로 열심히 달려가야 하는 것입니다. 그런데 신앙생활을 열심히 하다가도 간혹 마음을 성결케 하는 속도가 점점 떨어지는 경우가 있습니다.

육체의 일, 곧 행함으로 짓는 죄는 겉으로 드러나므로 금방금방 버려 나가지만, 생각과 마음으로 짓는 죄인 육신의 일은 버리는 속도가 더딥니다. 마음에 있는 비진리를 발견했을 때 그것을 버리겠다고 열심히 기도하다가 며칠 지나면 흐지부지 잊어버리는 것입니다. 잡초를 제거하려면 땅 위에 보이는 잎과 줄기만 뜯는 것이 아니라 뿌리까지 뽑아 버려야 합니다. 죄성도 마찬가지로, 그 근본이 버려질 때까지 끝까지 기도하고 마음을 변화시켜야 합니다.

제가 초신자 때는 죄악을 버리기 위해 목표 삼고 기도하는 것들이 있었지요. 성경을 읽으면서 미움, 혈기, 교만 등을 하나님께서 매우 싫어하신다는 것을 알았기 때문입니다. 모든 것을 내 입장에서만 생각할 때는 미움이 버려지지 않고 마음에 맺힌 한도 풀리지 않았습니다. 그러나 기도 중에 하나님께서 상대의 입장에서 생각할 수 있는 은혜를 주시니 도저히 이해할 수 없던 사람이 이해가 되었습니다. 마음에 맺힌 감정도 눈 녹듯 풀리며 미움이 사라지는 것을 체험하였습니다.

혈기를 버리는 과정에서는 인내하는 법을 배우게 됩니다.

억울한 상황이 생기면 속으로 "하나, 둘, 셋, 넷…" 하고 숫자를 세면서 하고 싶은 말을 꾹 참습니다. 그렇게 하다 보면 처음에는 힘들지만 시간이 흐르면서 화내고 짜증낼 일이 점점 줄어들지요. 마침내 아무리 화나는 상황이 되어도 '욱' 하고 혈기가 올라오는 일이 없었습니다.

하나님께서 교만을 싫어하신다는 사실을 알고는 버리기 위해 기도하면서 자신을 점검했습니다. 크게 발견되는 것은 없었지만 혹여 있을 수 있기에 늘 내 마음을 살폈습니다. 사람을 대할 때는 하나님의 귀한 영혼으로서 소중히 여겼고 설령 배움이 부족한 분이나 어린아이라 해도 마음다해 섬겼습니다. 이렇게 기도하며 노력하다보니 교만의 속성이 없다는 것을 깨달았고, 그때부터는 그 기도를 하지 않았습니다.

이렇게 죄성의 근본 뿌리까지 뽑지 않으면 참지 못할 상황이나 억울한 일을 당하면 예전의 모습이 다시 나옵니다. 열심히 기도하여 버린 줄 알았는데 동일한 비진리의 마음이 다시 발견되면 실망해서 낙심하기도 합니다. "내가 그토록 버리기 위해 애썼는데 여전히 이런 모습이구나." 하고 지쳐버리지요.

죄성의 근본 뿌리를 뽑기 전까지는 전과 같은 비진리의 모습이 다시 나올 수도 있지만, 그렇다고 해서 영적인 발전이 없는 것이 아닙니다. 양파를 벗겨 보면, 한 겹 두 겹 계속 벗겨도 또 벗길 것이 나옵니다. 그렇지만 벗기다가 중간에 멈추지 않으면 결국에는 완전히 벗겨지지요. 죄성이 아직 다 버려지지 않았다 해도 실망하지 말고, 온전히 변화될 자신의 모습을 소망하면서 끝까지 인내하고 노력해야 합니다.

어떤 사람은 말씀대로 행했는데 당장 축복이 보이지 않으면 낙심합니다. "내가 선을 행해도 돌아오는 유익이 없고 결국 손해만 보더라." 생각하는 것입니다. "나는 이렇게 열심히 교회를 다니는데 왜 축복을 받지 못하나?" 하고 불평하는 사람도 있습니다. 물론 불평할 이유는 없습니다. 여전히 비진리를 행하고 하나님이 버리라는 것을 버리지 않기에 축복이 오지 않는 것뿐입니다.

이렇게 불평하는 말 자체가 벌써 신앙의 초점이 바르게 맞춰지지 않았다는 뜻입니다. 믿음으로 선과 진리를 행할 때는 피곤하고 지치는 것이 아닙니다. 선을 행할수록 기쁨과 즐거움이 넘치므로 점점 더 선한 것을 사모하게 되지요. 이렇게 믿음으로 성결을 이뤄갈 때 영혼이 잘됨같이 범사에 잘되고 강건한 축복도 함께 임하는 것입니다.

둘째, 사람에 대한 오래 참음입니다.

성격이나 배움, 교양이 다른 사람과 지내다 보면 서로 간에 불만스러운 일이 생깁니다. 더군다나 교회는 빈부의 차이도 있고 여러 계층의 다양한 사람이 모이는 곳입니다. 그러니 사소한 문제부터 중대한 문제에 이르기까지 서로의 의견이나 생각이 달라서 화평이 깨질 수가 있습니다. 그럴 때면 사람들은 "저 사람은 사고방식이 달라도 너무 달라요. 성격이 안 맞아서 도저히 함께 일하기가 어렵습니다."라고 말하곤 합니다. 그러나 부부 사이에도 성격이 딱 맞는 부부가 얼마나 있습니까? 생활 습관이나 취향 등이 달라도 서로 양보하고 맞춰가야 하는 것입니다.

성결을 사모하는 사람은 어떤 상황에서도, 어떤 사람을 대할 때도 참을 수 있고 화평을 이룹니다. 불편하고 힘든 일이 있어도 인내하고 상대에게 맞춰 주지요. 항상 선한 마음으로 상대를 이해하고 상대의 유익을 구하며 참는 것입니다. 심지어 상대가 악을 행해도 인내하면서 악으로 갚지 않고 오히려 선으로 대해 줍니다.

또 하나님의 나라를 이루기 위해 영혼들을 전도하고 심방하며 양육할 때도 오래 참아야 합니다. 목회를 하다 보면, 오랜 세월 진리로 가르쳐도 변화가 더딘 영혼들을 봅니다. 세상과 짝하고 하나님의 영광을 가릴 때 그들 때문에 많은 눈물을 쏟으며 기도합니다. 그래도 제 편에서 그들을 포기한 적은 없습니다. 언젠가 변화되리라는 소망이 있기 때문에 항상 참고 기다리는 것입니다.

교회 일꾼들을 키울 때도 많은 세월 참고 또 참아야 합니다. 그들에게 일일이 지시하거나 내가 원하는 대로만 하도록 시킬 수는 없지요. 당장 일이 좀 더딘 것 같고 열매가 부족하다 해도 "당신은 부족해서 더 이상 안 되겠으니까 그만두세요."라며 사명을 거둘 수 없습니다. 그가 잘 감당할 때까지 참고 인내하며 이끌어 줍니다. 5년이 걸리든, 10년, 15년이 걸리든 영적인 훈련을 통해 그가 사명을 감당할 능력을 키우도록 참고 기다리는 것입니다.

뿐만 아니라 잘못을 했을 때조차 상대를 실족시키지 않으려고 참고 기다립니다. 차라리 능력 있는 사람이 혼자 감당하면 훨씬 쉽고, 더 잘하는 사람으로 담당자를 바꾸면 일이 신속히 해결될 수도 있습니다. 그러나 그렇게 하지 않고 끝까지 인내하는 까닭은 그 영혼을 위해서, 또 하나님 나라를 더 온전히 이루기 위해서입니다.

이렇게 오래 참음의 씨를 심어 나가면 반드시 하나님의 공의 가운데 열매를 얻게 됩니다. 영혼들이 변화되기까지 눈물로 기도하면서 오래 참고 견디면 결국 그들을 품을 수 있는 큰마음이 됩니다. 그래서 많은 영혼을 살릴 수 있는 권세와 능력을 얻는 것입니다. 마음에 품는 영혼들을 의인의 간구로 변화시킬 힘이 생기지요. 또 어떤 억울한 상황에서도 마음을 다스리고 인내의 씨로 심었다면 하나님께서 반드시 축복의 열매로 거두게 하십니다.

셋째, 하나님께 대한 오래 참음입니다.

하나님 앞에 어떤 것을 기도하고 간구했을 때 응답받기까지의 오래 참음을 말합니다. 마가복음 11장 24절에 "무엇이든지 기도하고 구하는 것은 받은 줄로 믿으라 그리하면 너희에게 그대로 되리라" 말씀합니다. 우리에게 믿음이 있다면 성경 66권 말씀을 모두 믿을 수 있습니다. 기도한 것은 응답받은 줄로 믿으라는 하나님의 약속이 있으니, 기도하면 이루지 못할 것이 없습니다.

그렇다고 해서 기도만 하고 노력하지 말라는 것이 아닙니다. 응답받을 수 있는 길을 찾아 하나님 말씀대로 행해야 합니다. 가령, 성적이 중간 정도인 학생이 전교 1등을 하게 해 달라고 열심히 기도합니다. 그러면서 수업시간에 딴생각을 하며 흘려보내고 예습, 복습도 하지 않습니다. 그러면 응답받을 수 있겠습니까? 열심히 기도하면서 공부에도 최선을 다해야 하나님께서 1등 하도록 도와주시는 것입니다.

사업도 마찬가지입니다. 사업이 번창하게 해달라고 간절히 기도하는데, 그 목적이 집을 한 채 더 늘리고, 수익성 높은 땅을 구입하며, 고급 승용차로 바꾸는 데 있습니다. 그렇다면 응답받기 쉽겠습니까? 물론 하나님의 자녀들이 풍요롭게 살기 원하는 것이 하나님 마음이지만, 자기 욕심을 채우기 위한 기도뿐이라면 하나님이 기뻐하실 리 없습니다. 그러나 축복을 받아 구제하고 선교하려는 마음이라면 불법을 행하지 않고 정도를 좇아 열심히 일할 때 하나님께서 반드시 축복의 길로 형통하게 이끌어 주십니다.

성경에는 하나님께서 기도에 반드시 응답하신다는 수많은 약속을 주셨습니다. 그러나 사람 편에서 오래 참지 못하므로 응답받지 못하는 경우가 많습니다. 사람은 급한 마음으로 응답을 구한다 해도 하나님께서는 당장 응답해 주시지 않는 경우도 있지요.

사랑과 공의의 하나님께서는 모든 것을 아시므로 가장 적절한 때에 맞춰 응답하십니다. 또 기도 제목이 크고 중요한 것이라면 그만큼 기도의 양을 채워야 응답이 옵니다. 다니엘이 영의 일들을 풀어 받고자 기도할 때도 하나님께서는 그가 기도를 시작했을 때 이미 응답을 전달할 천사를 보내셨습니다. 그러나 다니엘이 천사를 만날 때까지는 21일이라는 기간이 필요했지요. 21일 동안 다니엘은 한결같은 마음으로 간구했습니다. 이처럼 정녕 '응답받은 줄로 믿는다'면 참고 기다리는 것이 힘들지 않습니다. 문제가 해결됐을 때 오는 기쁨을 생각하기 때문입니다.

그런데 성도 가운데는 하나님 앞에 기도하고 구한 것에 응답받기까지 인내하지 못하는 경우를 볼 수 있습니다. 간절히 기도하고 금식하며 매달리다가도 금방 응답이 보이지 않으면 "하나님께서 안 들어 주시나 보다." 하고 포기해 버리지요. 응답받았다고 믿고 기도했다면 포기하거나 낙담할 일이 없습니다. 응답이 내일 올지, 철야기도 중에 올지, 기도가 끝나고 올지, 아니면 1년 후에 올지 우리는 알지 못합니다. 응답의 시기는 하나님께서 가장 좋은 때에 정하여 주십니다. 야고보서 1장 6~8절에 "오직 믿음으로 구하고 조금도 의심하지 말라 의심하는 자는 마치 바람에 밀려 요동하는 바다 물결 같으니 이런 사람은 무엇이든지 주께 얻기를 생각하지 말라 두 마음을 품어 모든 일에 정함이 없는 자로다" 말씀합니다.

다만 얼마나 내가 믿고 기도했느냐가 중요한 것입니다. 응답받았다고 믿고 기도했다면 어떤 상황에도 기쁘고 행복합니다. 우리에게 응답받을 믿음이 있다면 열매로 손에 쥐어질 때까지 변함없이 기도하며 믿음으로 행해야 합니다. 또 신앙생활을 하면서 마음의 연단을 받을 때나 하나님의 일로 핍박받을 때도 오래 참음이 있어야 선한 열매를 맺습니다.

오래 참음으로 응답받은 믿음의 선진들

마라톤에서 우승한 선수들은 공통적으로 힘든 고비가 있었다고 고백합니다. 극한 상황을 인내로 이겨 내고 완주했을 때의 기쁨은 체험해 본 사람만이 알 수 있습니다. 믿음으로 경주하는 하나님의 자녀들도 때로 시련을 만나지만 예수 그리스도를 바라보면 능히 이길 수 있습니다. 하나님의 은혜와 능력, 성령의 도우심이 있기 때문입니다.

히브리서 12장 1~2절에 "이러므로 우리에게 구름같이 둘러싼 허다한 증인들이 있으니 모든 무거운 것과 얽매이기 쉬운 죄를 벗어 버리고 인내로써 우리 앞에 당한 경주를 경주하며 믿음의 주요 또 온전케 하시는 이인 예수를 바라보자" 말씀합니다.

예수님께서는 구원의 섭리를 이루시기까지 피조물의 손에

의해 갖은 조롱과 멸시 천대를 받으셨습니다. 하지만 십자가를 지심으로 하나님 보좌 우편에 앉으실 것과 천하 만민에게 구원의 역사가 일어날 것을 아셨기에 이를 위하여 부끄러움을 개의치 않고 끝까지 인내하셨습니다. 결국 인류의 죄를 대신 지고 십자가에 달려 죽으셨지만 삼 일 만에 부활하심으로 구원의 길을 활짝 열어 주셨지요. 하나님께서는 오직 사랑으로 죽기까지 순종하며 믿음으로 승리하신 예수님을 만왕의 왕, 만주의 주로 세워 주셨습니다.

아브라함의 손자요, 이스라엘 민족의 기틀을 다진 야곱은 끈질긴 중심을 가진 사람이었습니다. 팥죽 한 그릇으로 형 에서에게서 장자권을 사고 아버지를 속여 장자의 축복을 가로챈 야곱은 에서를 피해 가나안 땅을 떠나 하란으로 갑니다. 그리고 벧엘에서 하나님의 약속을 받지요.

창세기 28장 13~15절을 보면 "너 누운 땅을 내가 너와 네 자손에게 주리니 네 자손이 땅의 티끌같이 되어서 동서남북에 편만할지며 땅의 모든 족속이 너와 네 자손을 인하여 복을 얻으리라 내가 너와 함께 있어 네가 어디로 가든지 너를 지키며 너를 이끌어 이 땅으로 돌아오게 할지라 내가 네게 허락한 것을 다 이루기까지 너를 떠나지 아니하리라" 약속하셨습니다.

야곱은 하나님께서 주신 그 꿈을 잃지 않고 소망 가운데 20년간의 연단을 잘 인내하여 결국 이스라엘 민족의 조상이 될 수 있었습니다.

요셉은 이스라엘의 조상 야곱의 열한 번째 아들로 아버지의 사랑을 독차지하며 살다가 하루아침에 이복형들의 손에 의해 애굽에 노예로 팔려 갑니다. 애굽이라는 낯선 나라에서 종노릇하는 신세가 되었지만 그는 낙심하지 않았습니다. 주어진 일에 최선을 다하여 주인에게 성실함을 인정받았지요. 가정 총무로서 형편이 좀 나아질 만하니 억울한 누명을 쓰고 깊은 감옥에 갇히고 맙니다. 기가 막힌 연단의 연속이었던 것입니다.

물론 모든 것이 그를 애굽 총리로 만들기 위한 하나님의 섭리 속에 이뤄진 일이었지만 하나님 외에는 아무도 이를 알지 못했습니다. 그러나 요셉은 믿음이 있었기에 비록 감옥에 들어갔어도 결코 낙심하지 않았습니다. 하나님이 어린 시절 꿈으로 약속하신 것을 믿었기 때문입니다. 하늘의 해와 달, 열한 별이 자신에게 절하는 꿈을 주신 하나님께서 그대로 이루실 것을 믿었기에 요셉은 어떤 상황에서도 흔들리지 않았습니다. 그는 하나님을 온전히 신뢰하여 그 모든 과정을 오래 참고 오직 하나님 말씀대로 정도를 좇아 행했습니다. 이것이 참 믿음입니다.

만일 여러분이 이런 상황에 놓인다면 어떻겠습니까? 하루 아침에 종으로 팔려 기약 없이 보내는 13년 동안의 심정이 상상이 가십니까? 그 상황에서 벗어나기 위해 하나님 앞에 얼마나 간절히 기도했겠습니까. 그동안 자신의 삶을 돌아보며 회개하고 뼈아픈 눈물과 간절한 말들로 하나님께 은혜를 구했을 것입니다. 그런데도 1년, 2년, 10년, 아무런 응답이 없고 오히려 점점 더 어려운 상황에 빠진다면 어떤 마음이 될까요?

꽃다운 젊음을 노예생활로 보낼 때, 감옥에 갇혀 하루하루 덧없는 세월을 보낼 때 믿음이 없다면 견디기 어려울 것입니다. 아버지 집에 있었다면 채색옷을 입고 온갖 호사를 누릴 모습을 생각하며 더욱 비참해질 수도 있습니다. 그러나 요셉은 항상 자신을 지켜보시는 하나님을 신뢰했고 가장 좋은 것을 주시는 하나님의 사랑을 굳게 믿었습니다. 아무리 깊은 연단 중에도 소망을 잃지 않고 인내하면서 성실과 선으로 행하여 마침내 하나님이 주신 꿈을 이루었습니다.

다윗 왕 또한 "하나님의 마음에 합한 자"라는 인정을 받고 왕으로 기름부음을 받은 후에도 얼마나 사울 왕에게 쫓

겨다니며 연단을 받아야 했습니까? 여러 차례 죽을 고비를 넘기기도 했지요. 그런데 이런 과정을 믿음으로 잘 인내하여 결국 이스라엘 민족을 다스릴 수 있는 왕으로서의 그릇을 온전히 갖추게 되었던 것입니다.

야고보서 1장 3~4절에 "이는 너희 믿음의 시련이 인내를 만들어 내는 줄 너희가 앎이라 인내를 온전히 이루라 이는 너희로 온전하고 구비하여 조금도 부족함이 없게 하려 함이라" 하신 대로 인내를 온전히 이루시기 바랍니다. 그 인내가 믿음을 성장시키며 마음을 더 깊고 넓게 성숙시킵니다. 인내를 온전케 이룰 때는 반드시 하나님께서 약속하신 축복과 응답을 체험하게 될 것입니다(히 10:36).

천국에 가기 위해서도 필요한 오래 참음

천국에 가는 것도 오래 참음이 있어야 합니다. 어떤 사람은 젊었을 때는 세상에서 즐기다가 나이가 들면 교회에 나오겠다고 합니다. 또 어떤 사람은 주님께서 곧 오신다는 소망 중에 열심히 신앙생활을 하다가도 오래 참지 못하므로 변개하기도 하지요. 자기가 기대한 대로 속히 오시지 않으니 계속 열심 내는 것이 힘들게 느껴집니다. 죄를 버리고 변화되는 것도, 사명 감당하는 것도 잠시 쉬다가 주님께서 오실 징조가

확실히 보이면 그때 다시 열심히 하겠다는 것입니다.

그러나 하나님께서 그 영혼을 언제 불러 가실지, 주님께서 언제 오실지는 아무도 모릅니다. 설령 그 시기를 미리 알 수 있다 해도 그때 가서 자기가 원하는 대로 믿음을 가질 수는 없지요. 구원받을 수 있는 영적인 믿음은 사람 편에서 원한다고 가질 수 있는 것이 아니라 오직 하나님께서 은혜로 주셔야 하기 때문입니다. 원수 마귀 사단이 구원받을 수 있도록 가만히 놔두는 것도 아닙니다. 우리의 목적이 가장 아름다운 천국 새 예루살렘에 들어가는 데 있다면 소망 가운데 모든 수고를 인내하며 갈 수 있습니다.

시편 126편 5~6절에 "눈물을 흘리며 씨를 뿌리는 자는 기쁨으로 거두리로다 울며 씨를 뿌리러 나가는 자는 정녕 기쁨으로 그 단을 가지고 돌아오리로다" 말씀합니다. 씨를 뿌리고 가꾸는 과정에는 분명 수고와 눈물과 애통도 있습니다. 제때에 비가 오지 않는다든가, 태풍이 몰아치거나 비가 너무 많이 와서 농작물이 쓰러지는 등 온갖 일을 겪습니다. 그러나 그 끝에는 반드시 공의의 법칙에 따라 수확의 기쁨이 있습니다.

하나님께서는 참 자녀를 얻고자 천 년을 하루같이 기다리며 독생자를 십자가에 내어주시는 아픔도 참으셨습니다. 주님도 십자가 고난을 참으셨고, 성령님께서도 말할 수 없는 탄식으로 우리를 위해 간구하며 경작의 세월을 인내하고 계십니다. 이런 하나님 사랑을 기억하면서 온전한 인내를 이루어 이 땅에서도 천국에서도 풍성한 축복의 열매들을 마음껏 누리시기 바랍니다.

Chapter 6
자 비

진리 안에서 능히 이해하고 용서하는 자비의 열매
주님의 마음과 행함을 닮아야
자비의 열매를 맺으려면 편견이 없어야
어려움에 처한 사람을 긍휼히 여기며 즐겨 구제하고
상대를 함부로 지적하지 않으며
모든 사람에게 관대하며
상대에게 공적을 돌릴 수 있어야

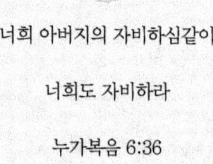

너희 아버지의 자비하심같이

너희도 자비하라

누가복음 6:36

사람들은 종종 "아무리 좋게 이해하려고 해도 저 사람은 도저히 이해할 수 없다."거나 "아무리 용서하려 해도 저 사람만은 용서할 수 없다." 말합니다. 그러나 우리에게 자비의 마음이 있으면 이해하지 못하고 용서하지 못할 사람이 없습니다. 어떤 사람이라도 선으로 이해할 수 있고 사랑으로 포용할 수 있지요. "누구는 이래서 좋고, 누구는 저래서 싫다." 하지 않습니다. 싫은 사람도 없고 미운 사람도 없습니다. 걸리거나 불편한 사람도 없고 원수는 더더욱 없지요.

진리 안에서 능히 이해하고 용서하는 자비의 열매

자비(慈悲)는 사전에 '남을 깊이 사랑하고 가엾게 여기는 마음'이라고 정의합니다. 그러나 자비의 영적인 의미는 단순히 상대를 사랑하고 불쌍히 여기는 것만이 아닙니다. 사람으로서는 도저히 이해할 수 없는 사람도 진리 안에서 능히 이해하는 마음입니다. 또 사람으로서는 용서할 수 없는 사람도 진리 안에서 용서하는 마음이지요. 하나님께서는 바로 이러한 자비의 마음으로 인생들을 긍휼히 여기십니다.

시편 130편 3절에 "여호와여 주께서 죄악을 감찰하실진대 주여 누가 서리이까" 했지요. 이 말씀처럼 하나님께서 자비를 베풀지 않고 공의대로만 판결하신다면 하나님 앞에 설 사람은 아무도 없습니다. 그러나 공의로는 도저히 용서할 수 없고 이해할 수 없는 사람도 하나님께서 용서하고 이해해 주셨습니다.

뿐만 아니라 영원한 사망에서 구원하기 위해 독생자 예수님의 생명까지 주셨지요. 하나님께서는 주님을 믿고 하나님의 자녀 된 우리도 이러한 자비의 마음을 이루기 원하시므로 "너희 아버지의 자비하심같이 너희도 자비하라"(눅 6:36) 말씀하십니다.

그런데 자비의 마음은 사랑과 비슷한 것 같으면서도 다릅니다. 영적인 사랑이 자기의 유익을 구하지 않고 아무런 대가 없이 상대를 위해 희생할 수 있는 마음이라면, 자비는 용서와 포용의 성격이 더 강합니다. 즉 도저히 사랑할 수 없는 사람이라도 오해하거나 미워하지 않고 모든 것을 감싸 줄 수 있는 마음입니다. 내 생각과 맞지 않다고 상대를 미워하거나 멀리하는 것이 아니라 힘과 위로가 되어 줍니다. 상대방을 감싸는 따뜻한 마음이 되면 티나 허물을 드러내지 않고 포용하여 아름다운 관계를 이룰 수 있습니다.

이러한 자비의 마음이 가장 잘 드러난 사건이 있습니다. 그날도 예수님께서는 밤새 감람산에서 기도하시고 아침이 되어서야 성전으로 오셨습니다. 예수님이 성전에 자리를 잡고 앉으시자, 어느새 많은 사람이 모였습니다. 예수님께서 말씀을 선포하시는데, 성전이 갑자기 소란스러워졌습니다. 사람들 사이로 서기관과 바리새인들의 모습이 보였지요. 그들에게 끌려온 한 여인이 공포에 질린 얼굴로 떨고 있었습니다.

그들은 예수님 앞에 서더니 여인이 간음하다 잡혔다며 율법에는 돌로 치라는데 어떻게 하겠냐고 묻습니다. 만일 모세의 율법에 나온 대로 돌로 치라 한다면 "원수도 사랑하라"던 예수님의 가르침과 맞지 않습니다. 그렇다 해서 "용서하라" 한다면 율법을 어기는 것이지요. 매우 난처한 상황입니다. 그때 예수님은 말없이 땅에 무언가 쓰시더니 "너희 중에 죄 없는 자가 먼저 돌로 치라"(요 8:7) 하십니다. 그 말씀에 양심의 가책을 받은 사람들이 하나 둘 떠나고 예수님과 여인만 남았습니다.

홀로 남은 여인에게 예수님은 "나도 너를 정죄하지 아니하노니 가서 다시는 죄를 범치 말라"(요 8:11) 당부하셨습니다. 정죄하지 않는다는 것은 죄를 용서한다는 의미입니다. 용서할 수 없는 죄임에도 예수님은 용서함으로써 여인에게 돌이킬 수 있는 기회를 주셨습니다. 바로 이런 마음이 자비에 해당합니다.

주님의 마음과 행함을 닮아야

자비는 진정한 용서, 곧 원수까지라도 사랑할 수 있는 마음입니다. 마치 어머니가 젖먹이 아이를 대하듯 모든 사람을 넉넉하게 품고 포용할 수 있습니다. 설령 어떤 사람에게 큰 허물이 있다 해도, 혹은 중한 죄를 지은 것이 드러났다 해도 판단 정죄하기보다 긍휼의 마음이 앞섭니다. 죄는 미워하되 사람은 미워하지 않고 상대를 이해해 주며 그를 살리고자 하는 것입니다.

유독 병치레가 잦은 자녀를 둔 부모는 "왜 이렇게 약하게 태어나 내 속을 썩일까." 하며 귀찮아하거나 싫어하지 않습니다. 오히려 건강한 자녀보다 연약한 자녀에 대한 마음이 더 애틋합니다.

정신지체 장애 1급인 아들을 둔 어머니가 있습니다. 스무 살이 되었어도 정신 연령이 두세 살밖에 안 되니 어머니는 한시도 아들에게서 눈을 뗄 수 없습니다. 그런데도 힘든 내색 한 번 하지 않고 아들을 불쌍히 여기며 정성을 쏟아 보살피고 사랑합니다. 이러한 자비의 열매가 온전히 맺히면 내 자녀만 아니라 모든 사람을 긍휼히 여기며 사랑할 수 있습니다.

예수님께서는 공생애 기간에 두루 다니며 천국 복음을 전파하셨습니다. 그 대상은 부하고 권세 있고 명예 있는 사람들이 아니라, 가난하고 병들고 소외된 사람들이나 세리와 창기들과 같이 죄인이라 정죄받던 사람들이 대부분이었습니다.

예수님께서 제자들을 택하실 때도 마찬가지였습니다. 사

람의 생각으로는 율법에 정통한 사람들에게 하나님 말씀을 가르치는 것이 훨씬 수월하기 때문에 그들을 선택하는 편이 지혜로울 것 같습니다. 그러나 예수님께서는 이런 사람들을 택한 것이 아니라 세리 마태나 어부 출신 베드로, 안드레, 야고보, 요한과 같은 이들을 부르셔서 제자로 삼으셨습니다.

또한 예수님께서는 각색 질병을 치료해 주셨습니다. 한번은 예루살렘의 베데스다라 하는 못에서 물이 동하기를 기다리던 38년 된 병자를 고쳐 주신 적이 있습니다. 아무런 희망도 없이 고통 가운데 살아가는 그에게 관심을 갖는 사람은 아무도 없었습니다. 그러나 예수님은 그를 찾아와 "네가 낫고자 하느냐"라고 물으며 치료의 은혜를 베푸셨던 것입니다(요 5:2~9).

이 외에도 12년 동안 혈루증을 앓던 여인을 치료하시는가 하면, 거지 소경 바디매오의 눈을 뜨게 하셨지요(마 9:20~22 ; 막 10:46~52). 또 나인 성을 가시던 중에는 외아들을 잃은 한 과부를 보고 불쌍히 여겨 죽은 아들을 살려 주기도 하셨습니다(눅 7:11~15). 이뿐이 아닙니다. 억눌린 자들을 돌아보시고 세리와 죄인들과 같이 소외된 자들을 찾아가 그들의 벗이 되어 주셨습니다.

어떤 이들은 죄인들과 함께 식사하시는 예수님을 보고 "어찌하여 너희 선생은 세리와 죄인들과 함께 잡수시느냐"(마 9:11) 하며 비난했습니다. 그러자 예수님께서는 "건강한 자에게는 의원이 쓸데없고 병든 자에게라야 쓸 데 있느니라 너희는 가서 내가 긍휼을 원하고 제사를 원치 아니하노라 하신 뜻이 무엇인지 배우라 내가 의인을 부르러 온 것이 아니요 죄인을 부르러 왔노라"(마 9:12~13) 말씀하셨습니다. 병들고 죄인 된 인생들을 향한 한없는 긍휼과 자비의 마음을 알려 주신 것입니다.

예수님께서 이 땅에 오신 목적은 부유하고 의로운 사람을 위함이 아니라 가난하고 병든 사람, 죄인들을 위해서입니다. 이러한 예수님의 마음과 행함을 닮아야 자비의 열매를 신속히 맺을 수 있습니다. 그러면 우리가 자비의 열매를 맺으려면 어떻게 해야 하는지 구체적으로 살펴보지요.

자비의 열매를 맺으려면 편견이 없어야

사람들은 외모를 보고 판단하는 경우가 의외로 많습니다. 부유하고 명예 있는 사람을 대할 때와 그렇지 않은 사람을 대하는 태도가 다르지요. 하나님의 자녀들은 상대의 외모를 보고 판단하거나 마음 자세가 달라지는 일이 없어야 합니다. 어린아이나 부족해 보이는 사람이라 해도 나보다 낮게 여기며 주님의 마음으로 섬길 수 있어야 하는 것입니다.

야고보서 2장 1~4절에 "사람을 외모로 취하지 말라 만일 너희 회당에 금가락지를 끼고 아름다운 옷을 입은 사람이 들어오고 또 더러운 옷을 입은 가난한 사람이 들어올 때에 너희가 아름다운 옷을 입은 자를 돌아보아 가로되 여기 좋은 자리에 앉으소서 하고 또 가난한 자에게 이르되 너는 거기 섰든지 내 발등상 아래 앉으라 하면 너희끼리 서로 구별하며 악한 생각으로 판단하는 자가 되는 것이 아니냐" 말씀합니다.

또 베드로전서 1장 17절에 "외모로 보시지 않고 각 사람의 행위대로 판단하시는 자를 너희가 아버지라 부른즉 너희의 나그네로 있을 때를 두려움으로 지내라" 말씀하지요. 우리 마음에 자비의 열매가 맺히면 상대의 겉모습을 보고 판단하거나 정죄하는 일이 없습니다. 또한 영적인 면에서도 편견이 없는지 살펴야 합니다. 신앙생활을 오래 했는데도 영적인 깨달음이 둔한 사람이 있습니다. 성장 과정 중에 결여된 부분이 있어서 분위기에 맞지 않는 엉뚱한 말을 하거나 대화가 잘 통하지 않는 이도 있습니다. 주의 교양에서 벗어나는 행동을 자주 하는 사람도 있지요.

이런 사람들을 대할 때 "아휴, 답답해. 왜 저것밖에 생각을 못하나…" 하며 무시하고 멀리하는 마음은 없는지요? 상대를 찌르는 말이나 무례한 태도로 무안하게 만드는 일은 없으십니까?

어떤 사람들은 범죄한 이들을 볼 때 마치 자신이 재판관인 것처럼 정죄하고 수군수군합니다. 간음한 여인이 예수님 앞에 끌려오는 동안 얼마나 많은 사람들에게 손가락질을 받았겠습니까. 수많은 사람이 정죄하는 중에도 예수님은 정죄하지 않으며 구원의 기회를 주셨습니다. 이처럼 자비의 마음이 있으면 범죄하여 하나님 앞에 징계받는 사람을 볼 때에도 긍휼히 여기며 잘 이겨내기를 원하는 것입니다.

어려움에 처한 사람을 긍휼히 여기며 즐겨 구제하고

우리가 자비의 열매를 맺으려면 곤란을 겪는 사람을 마음으로만 불쌍해하고 말로만 "힘내세요" 하는 것이 아니라 어찌하든 실질적인 힘이 되어 주려는 행함으로 나타내야 합니다.

요한일서 3장 17~18절에 "누가 이 세상 재물을 가지고 형제의 궁핍함을 보고도 도와줄 마음을 막으면 하나님의 사랑이 어찌 그 속에 거할까 보냐 자녀들아 우리가 말과 혀로만 사랑하지 말고 오직 행함과 진실함으로 하자" 했습니다. 야고보서 2장 15~16절에는 "형제나 자매가 헐벗고 일용할 양식이 없는데 너희 중에 누구든지 그에게 이르되 평안히 가라, 더웁게 하라, 배부르게 하라 하며 그 몸에 쓸 것을 주지 아니하면 무슨 이익이 있으리요" 말씀합니다.

"상대가 굶고 있어서 불쌍하지만 나도 한 끼 먹을 양식뿐이니 어쩔 수 없잖아." 하는 것이 아닙니다. '불쌍하다'는 말이 진심이라면 마지막 남은 것이라도 나눠 줄 수 있지요. '나도 어려운데 어떻게 구제할 수 있겠어.'라고 생각한다면 이런 사람이 부유해져도 구제하기는 쉽지 않습니다.

물질의 문제만이 아닙니다. 어떤 문제로든 고통받는 사람을 보면 상대에게 도움이 되기 원하고 고통을 덜어 주기 원하는 것이 자비의 마음입니다. 더구나 주님을 믿지 않으므로 지옥에 갈 영혼들을 볼 때는 어찌하든 구원의 길로 인도하기 위해 마음을 씁니다.

우리 교회에는 개척 당시부터 하나님의 권능이 크게 나타났습니다. 그런데도 저는 쉼 없이 더 큰 권능을 구하며 날마다 그 권능을 나타내기 위해 모든 삶을 바칩니다. 그 이유는 저 자신도 가난의 고통을 절실히 겪어 봤고, 질병으로 소망이 끊어지는 고통도 처절하게 체험했기 때문입니다. 이런 문제들로 고통받는 사람들을 보면 제 자신의 일처럼 느껴지니 힘을 다해 도와주기를 원합니다.

어찌하든 문제를 해결해 주고 싶고, 만나는 사람마다 지옥의 형벌에서 벗어나 천국으로 가도록 인도하는 것이 제 소원입니다. 그러나 어떻게 모든 사람들을 다 도울 수 있겠습니까? 기도 끝에 얻은 답은 바로 하나님의 권능이었습니다. 모든 사람의 가난과 질병, 온갖 재앙과 고난을 일일이 해결해 줄 수 없다 해도 그들이 하나님을 만나고 체험하면 됩니다. 그래서 한 영혼이라도 더 하나님을 만나고 체험할 수 있도록 더 큰 권능을 보여 주고자 하는 것입니다.

물론 권능을 보여 주는 것만으로 영혼 구원 과정이 다 끝나는 것은 아닙니다. 권능을 보고 믿음을 가졌다 해도 그들이 든든한 믿음 위에 설 때까지는 영육 간에 지속적인 보살핌이 필요하지요. 그래서 힘을 내어 천국 길을 갈 수 있도록 교회적으로 재정이 넉넉하지 않을 때도 최선을 다해 구제했던 것입니다. 잠언 19장 17절에 "가난한 자를 불쌍히 여기는 것은 여호와께 꾸이는 것이니 그 선행을 갚아 주시리라" 하신 대로 주님의 마음으로 영혼들을 돌아보면 반드시 하나님께서 축복으로 갚아 주십니다.

상대를 함부로 지적하지 않으며

우리가 상대를 사랑한다면 때로는 지적이나 책망도 해야 합니다. 무조건 덮어 주고 용서한다면 상대가 잘못될 수 있기 때문입니다. 그러나 자비의 마음이 있다면 징계나 책망, 지적도 쉽게 하지 못합니다. 한마디 지적을 한다 해도 기도하는 마음으로 상대의 마음을 살피면서 조심스럽게 말하지요. 잠언 12장 18절에 "혹은 칼로 찌름같이 함부로 말하거니와 지혜로운 자의 혀는 양약 같으니라" 했습니다. 특히 성도들을 가르치는 입장에 있는 사람이라면 더더욱 주의해야 합니다.

"성도님에게는 이런 비진리의 마음이 있어서 하나님께서 기뻐하지 않으십니다.", "집사님은 이러한 결점이 있기 때문에 다른 사람보다 사랑받지 못합니다.", "그런 좋지 않은 마음이 있어서 아직 축복받지 못하고 어려움을 겪는 것입니다."

이런 말을 쉽게 하는 경우가 있는데 아무리 맞는 말이라 해도 자기 의와 틀 속에 사랑이 없이 지적할 때는 생명을 낳지 못합니다. 지적을 받고 상대가 변화되는 것이 아니라 마음에 상처를 받고 낙심하여 힘을 잃어버릴 수 있습니다.

어떤 성도들은 저에게 와서 지적이나 책망을 해 달라고 부탁하기도 합니다. 자신의 부족함을 발견하여 변화되겠다는 것입니다. 그래서 어렵사리 서두를 꺼내면 대부분 말을 자르고 다른 말로 돌리든가 자기 입장을 계속 설명합니다. 그러니 더 이상 할 수 없지요. 그렇지 않다 해도 지적한다는 것이 쉽지는 않습니다. 당장은 충만하니까 감사함으로 받는다 해도 이후에 충만함이 떨어질 때는 그 마음이 어떻게 변할지 모르기 때문입니다.

그러나 하나님의 일을 이루기 위해서나 성도들이 문제 해결을 받아야 할 때는 어쩔 수 없이 지적하는 경우가 있습니다. 그럴 때도 '혹여 이 말을 듣고 낙심하면 안 되는데…' 하고 기도하는 마음으로 상대의 안색을 살핍니다.

물론 예수님께서는 바리새인과 서기관들처럼 책망을 받지 못하는 사람들에게도 "독사의 자식들아, 외식하는 자들아"라며 강하게 책망하셨습니다. 그중 한 사람이라도 듣고 돌이킬 수 있도록 기회를 주신 것입니다. 또 그들은 가르치는 입장이었기에 백성들이라도 깨닫고 그들의 외식에 미혹되지 않게 하시려는 마음이 담겨 있습니다.

이러한 경우가 아니라면 아무리 부족한 사람을 대할 때도 찌르는 말이나 허물을 들춰내 상처 주거나 실족시키는 일이 없어야 합니다. 꼭 필요한 상황에서 권면을 한다 해도 상대의 입장에서 그 영혼을 소중히 여기는 마음으로 말할 수 있어야 겠습니다.

모든 사람에게 관대하며

일반적으로 자기를 사랑하는 사람에게는 너그럽게 대합니

다. 인색한 사람들도 상대를 선대한 만큼 돌려받을 것을 알면 자기 것을 쉽게 빌려 주거나 선물도 하지요. 그러나 누가복음 6장 32절에 "너희가 만일 너희를 사랑하는 자를 사랑하면 칭찬받을 것이 무엇이뇨 죄인들도 사랑하는 자를 사랑하느니라" 말씀합니다. 어떤 대가를 얻고자 하는 마음이 없이 상대를 위해 내 것을 내줄 때 자비의 열매를 맺을 수 있습니다.

예수님께서는 가롯 유다가 배신할 것을 처음부터 아셨지만 아낌없이 사랑을 주셨습니다. 끝까지 그를 곁에 두시고 다른 제자들과 똑같이 대하셨습니다. 어찌하든 그가 회개할 수 있도록 계속 기회를 주셨지요. 예수님께서는 십자가에 못 박히실 때도 오히려 못 박는 사람들을 위해 기도하셨습니다. 누가복음 23장 34절에 "아버지여 저희를 사하여 주옵소서 자기의 하는 것을 알지 못함이니이다" 하신 것입니다. 이처럼 도무지 용서할 수 없는 사람도 능히 용서하는 마음이 자비입니다.

사도행전을 보면 스데반 집사에게도 자비의 열매가 맺힌 것을 볼 수 있습니다. 그는 비록 평신도였지만 은혜와 권능이 충만했습니다. 그가 가는 곳마다 큰 기사와 표적이 나타났지요. 이를 못마땅하게 여긴 사람들이 그와 변론하려 했지만, 스데반이 하나님이 주신 지혜와 성령으로 대답하니 말문이 막히고 말았습니다. 그때 사람들이 스데반을 보니 천사의 얼굴과 같았다고 합니다(행 6:15).

결국 스데반의 설교를 듣고 양심에 찔린 유대인들이 소리를 지르며 그를 성 밖으로 끌고나가 돌로 쳐 죽입니다. 그는 죽어가면서도 "주여 이 죄를 저들에게 돌리지 마옵소서"(행 7:60) 하며 그들을 위해 기도했습니다. 이는 이미 그들을 용서했다는 증거이며, 마음에 어떤 미움도 없었고, 오히려 그들을 불쌍히 여기는 자비의 열매가 온전히 맺혀 있음을 나타냅니다. 이런 마음이기에 스데반은 놀라운 권능을 행할 수 있었습니다.

그러면 여러분은 얼마나 이런 마음을 이루셨습니까? 아직도 싫은 사람이 있고 마음에 걸리는 사람이 있지는 않습니까? 자비의 열매를 맺으려면 아무리 성격과 의견이 맞지 않는다 해도 상대를 품을 수 있어야 합니다. 상대의 입장에서 생각해 보면 싫은 느낌을 바꿀 수 있습니다. '저 사람은 도대체 왜 그럴까? 이해할 수 없다.'고만 생각하면 아무리 노력해도 여전히 감정이 생기고 그를 대할 때는 불편한 느낌이 들지요. 그러나 '아, 저 사람의 입장에서는 그럴 수밖에 없겠구나!' 라고 생각하면 싫은 느낌을 바꿀 수 있습니다. 오히려 그럴 수밖에 없는 상대가 불쌍하고 그를 위해 기도하는 마음으로 바뀝니다.

이렇게 생각과 느낌을 바꿔 나가면서 마음 안에 미움이나 악한 감정들을 하나하나 뽑아 나가야 하는 것입니다. 아무리 많은 말씀을 들어도 여전히 자기의 생각을 고집하고 싫은 느낌을 그대로 갖고 있다면 마음에 상대가 품어지지 않습니다. 자기 안의 미움이나 감정을 뽑을 수도 없지요. 자기 의와 틀을 버리고 생각과 느낌을 바꿔 어떤 사람이라도 품고 선대할 수 있어야 하겠습니다.

상대에게 공적을 돌릴 수 있어야

자비의 열매를 맺으려면 잘한 일이 있을 때 상대의 공으로 돌리고 잘못된 일이 있을 때는 자신의 허물로 돌릴 수 있어야 합니다. 자비의 마음이 있으면 함께 일해서 열매를 냈는데 상대만 칭찬받는다 해도 자신의 일처럼 기뻐합니다. "사실은 내가 일을 더 많이 했는데 저 사람만 칭찬하시네?" 이런 생각으로 불편한 것이 아닙니다. 오히려 "저분이 칭찬을 받았으니 이제 자신감도 생기고 힘을 내서 더 잘할 수 있겠구나." 하고 상대의 입장에서 기뻐하고 감사할 수 있지요.

만일 어머니가 자녀의 숙제를 도와주어 자녀가 상을 받았다면 어머니는 어떤 마음이 들까요? "내가 가르쳐서 잘한 것인데 왜 나는 상을 주지 않느냐?"며 불평할 어머니는 없을 것입니다. 또 모녀가 길을 갈 때 누군가 "어머니가 참 미인이시네요." 칭찬해도 듣기 좋지만, 어머니 입장이라면 "따님이 참 미인입니다."라는 말이 더 기쁠 것입니다.

마찬가지로 자비의 열매가 맺히면 자녀만이 아니라 누구라도, 나보다 상대를 앞세울 수 있고 그에게 공적을 돌릴 수 있습니다. 그리고 자신이 공로를 인정받은 것처럼 그와 함께 기뻐할 수 있지요. 이러한 자비의 열매는 긍휼과 사랑이 많으신 하나님의 속성입니다. 자비만이 아니라 사랑, 희락, 화평, 오래 참음, 온유 등 모든 성령의 열매가 다 온전하신 하나님의 마음을 하나하나 분류해서 설명해 놓은 것과 같습니다.

그래서 "성령의 열매를 맺으라"는 말은 결국 하나님 마음을 이루라는 뜻입니다. 그 열매들이 무르익어 갈수록 하나님께서 보실 때 사랑스러워 견딜 수 없으실 것입니다. "나를 꼭 빼닮은 아들이라, 딸이라" 하시며 기쁨을 이기지 못하는 것이지요. 이렇게 하나님을 기쁘시게 하면 구하는 것은 물론, 단지 마음에 품은 것조차도 하나님께서 먼저 아시고 응답해 주십니다. 그러므로 성령의 열매를 온전히 맺어 범사에 하나님을 기쁘시게 하여 축복의 간증이 넘치며 천국에서도 큰 영광을 누리시기 바랍니다.

Chapter 7
양 선

양선의 열매란
성령의 소욕을 좇아 선을 추구하는 마음
선한 사마리아인처럼 범사에 선을 택해야
어떤 상황에서도 다투거나 들레지 않아야
상한 갈대를 꺾지 않고 꺼져 가는 심지도 끄지 않아야
진리 안에서 선을 좇아 행하는 힘

너희 안에 이 마음을 품으라

곧 그리스도 예수의 마음이니

빌립보서 2:5

어느 날 밤, 허름한 행색의 젊은이가 노부부를 찾아와 방을 달라고 합니다. 노부부는 오갈 데 없어 보이는 그가 불쌍하여 방을 내주었습니다. 그런데 이 젊은이는 일은 하지 않고 마냥 술로 세월을 보냅니다. 이럴 경우 대부분의 사람들은 방세조차 못 받을까봐 내보내려 하겠지요. 그러나 크리스천이었던 이 부부는 그에게 먹을 것을 챙겨 주고 따뜻한 말로 격려하며 틈틈이 복음을 전했습니다. 아들 대하듯이 돌봐 주는 이 모습에 감동을 받은 젊은이는 결국 예수 그리스도를 영접하여 새사람이 되었습니다.

양선의 열매란

이처럼 소외되고 외면당하는 사람이라도 끝까지 포기하지 않고 사랑하는 것이 바로 양선의 마음입니다. 성령의 열매인 양선은 마음에만 맺혀 있는 것이 아니라 노부부처럼 마음에 있는 선이 반드시 행함으로 나타나는 것을 볼 수 있습니다.

우리에게 양선의 열매가 온전히 맺히면 가는 곳마다 그리스도의 향기가 납니다. 주변 사람들이 우리의 선한 행실을 보고 감동을 입으며 하나님께 영광을 돌립니다.

양선(良善)을 글자 그대로 풀면 '어질고 착하다'는 뜻이지만 영적으로는 성령 안에서 선을 추구하는 마음, 곧 진리 안에서 선을 좇아 행하는 마음입니다. 양선의 열매가 온전히 맺히면 흠도 티도 없이 깨끗한 주님의 마음이 되지요.

그런데 성령을 받지 않은 세상 사람들 중에도 나름대로 선을 좇아 사는 이들이 있습니다. 자기 양심에 따라 "이것은 선하다." 혹은 "악하다." 분별하고 평가합니다. 스스로 양심에 비춰 거리낌 없이 살았다면 나름대로 선하고 의로운 사람이라고 자부하지요. 하지만 양심은 사람마다 다릅니다. 양심이 만들어지는 과정이 각각 다르기 때문입니다. 따라서 성령의 열매인 양선을 이해하기 위해서는 먼저 양심에 대해 알아야 합니다.

성령의 소욕을 좇아 선을 추구하는 마음

초신자 중에는 설교를 들으면서 "저 말은 틀렸다. 이건 과학 이론과 맞지 않는다."며 자신의 지식과 양심에 비추어 판단하는 경우가 많습니다. 그러다가 어느 정도 신앙 연륜이 쌓이면서 진리인 하나님 말씀을 듣고 배우면 자신의 판단 기준이 맞지 않음을 깨닫게 됩니다.

양심이란 '본성을 바탕으로 만들어진 선악을 판단하는 기준'입니다. 사람의 본성은 부모로부터 어떤 기를 받고 태어나는가, 어떤 환경에서 자라는가에 따라 달라집니다. 선한 부모의 기를 받고 태어난 자녀는 비교적 본성이 선합니다. 또 태어나면서부터 좋은 환경 속에서 선한 것을 많이 보고 들으며 자란 사람은 양심이 선하게 만들어지기 쉽지요. 반대로 악한 부모의 기를 받고 태어나 악한 것을 많이 보고 듣고 접하면 본성과 양심이 악해지기 쉽습니다.

예를 들어, 정직의 중요성을 교육받은 아이는 사소한 거짓말을 하고도 양심에 가책을 받아 어쩔 줄을 모릅니다. 하지만 습관적으로 거짓말하며 자란 아이는 큰 거짓말을 하면서도 태연하지요. 거짓말이라고 생각지도 않습니다. 양심이 그만큼 악에 물들어 있어서 "그럴 수도 있지." 하며 지나치는 것입니다.

같은 부모와 같은 환경 속에 교육을 받아도 아이마다 그것을 어떻게 받아들이느냐에 따라 결과는 다릅니다. 어떤 아이는 부모가 가르치는 대로 잘 순종하지만 어떤 아이는 자기 주장이 강해서 순종하려 하지 않습니다. 이러한 경우, 같은 부모 아래 자랐다 해도 두 아이의 양심은 다르게 만들어질 것입니다.

또한 어떤 가치관의 영향을 받고 성장하느냐에 따라 사람들의 양심은 달라집니다. 사회마다 나라마다, 시대마다 가치관이 다르지요. 노예를 부리던 시대에는 노예에게 매질을 하고 강제로 일을 시켜도 그것을 잘못이라고 생각하지 않았습니다. 30년 전만 해도 우리 사회에서는 일반 여성들은 물론 연예인들도 요즘처럼 노출이 심한 옷차림으로 활동하지 않았습니다. 이처럼 양심은 지역과 시대의 가치관에 따라 달라지므로 나름대로 양심적이라는 사람도 결국 '자기 보기에 선한 것'을 추구할 뿐이지 절대적으로 선하다고는 할 수 없습니다.

그런데 하나님을 믿는 성도들에게는 선악과 시비를 구별하는 기준이 항상 동일합니다. 어제나 오늘이나 영원히 변함없는 진리, 곧 하나님 말씀이 그 기준이기 때문입니다. 이러한 '진리'를 기준 삼아 행하려는 마음이 바로 '양선'입니다. 성령의 소욕을 좇아 선을 추구하는 마음이지요. 선을 추구하는 마음만 간절하다 해서 양선의 열매를 맺었다고 할 수는 없습니다. 선을 간절히 사모하는 그 마음이 행함으로 드러나야 열매가 맺혔다 할 수 있는 것입니다.

마태복음 12장 35절에 "선한 사람은 그 쌓은 선에서 선한 것을 내고" 했고, 또 잠언 22장 11절에는 "마음의 정결을 사모하는 자의 입술에는 덕이 있으므로 임금이 그의 친구가 되느니라" 말씀합니다. 진정 선을 추구하는 사람은 외면적으로도 자연스럽게 선이 배어나옵니다. '누가 보고 있으니까…'

가 아니고 누가 있든 없든 자연히 선으로 말하고 선으로 행동합니다. 어디를 가든 누구를 만나든 선한 말과 선한 행실로 덕과 사랑을 베풀지요. 향수를 뿌린 사람에게서 좋은 향기가 나듯이 양선한 사람에게서도 그리스도의 향기가 나는 것입니다.

어떤 사람은 선한 마음으로 변화되기를 사모하여 영적인 사람을 열심히 따릅니다. 진리를 듣고 배우기를 즐겨하며 은혜도 잘 받고 감동의 눈물도 잘 흘리지요. 이러한 사모함만 있다 해서 선으로 변화되는 것은 아닙니다. 선을 보고 듣고 배웠으면 반드시 마음에 이루고 행함으로 실천해야 합니다. 만일 선한 사람만 가까이하고 선하지 않은 사람은 멀리한다면 정말 선을 사모하는 마음일까요?

선하지 않은 사람에게도 배울 점이 많습니다. 혹 배울 점은 없더라도 깨달을 점이 있습니다. 혈기가 많은 사람과 있으면 '저렇게 혈기가 많으니까 늘 사람들과 싸우고 변론하는구나! 나는 그러지 말아야겠다.'라는 깨달음을 얻을 수 있습니다. 단지 선한 사람만 가까이하면 이러한 상대성을 깨우칠 수 없지요. 이런 사람, 저런 사람에게도 다 배우거나 깨달을 점이 있는 것입니다. 혹여 선을 사모한다면서 열심히 말씀을 듣고 깨우쳐 나가는데 막상 선을 쌓는 모습은 부족하지 않은지 점검해 보시기 바랍니다.

선한 사마리아인처럼 범사에 선을 택해야

그러면 '성령 안에서, 진리 안에서 선'을 좇는 양선이 어떤 것인지 구체적으로 살펴보겠습니다. 사실 양선이라는 것은 어찌 보면 매우 광범위한 개념입니다. 하나님의 속성 자체가 선이기 때문에 성경 말씀 전반에 선이 배어 있습니다. 그중에도 양선의 향을 진하게 느낄 수 있는 것 중에 하나가 빌립보서 2장 1~4절입니다.

"그러므로 그리스도 안에 무슨 권면이나 사랑에 무슨 위로나 성령의 무슨 교제나 긍휼이나 자비가 있거든 마음을 같이하여 같은 사랑을 가지고 뜻을 합하며 한마음을 품어 아무 일에든지 다툼이나 허영으로 하지 말고 오직 겸손한 마음으로 각각 자기보다 남을 낮게 여기고 각각 자기 일을 돌아볼뿐더러 또한 각각 다른 사람들의 일을 돌아보아 나의 기쁨을 충만케 하라"

양선의 열매가 맺힌 사람은 주 안에서 선을 추구하기 때문에 내 생각과 성품에 안 맞는 일에도 마음과 뜻을 모아줍니다. 겸손하고 자신을 드러내고자 하거나 인정받으려는 허영

심도 없습니다. 비록 상대가 물질적으로 풍요롭지 못하고 지식이 부족하다 해도 중심에서 존중할 수 있고 참다운 친구가 되어 줄 수 있습니다.

혹 상대가 나를 애매히 괴롭힌다 해도 긍휼히 여기고 오히려 사랑으로 감싸 주며, 섬기고 낮아지려 하니 모든 사람으로 더불어 화평함과 거룩함을 좇을 수 있습니다. 또한 자신의 일을 성실히 감당하는 것은 물론, 다른 사람의 일에도 마음을 써 줍니다. 바로 누가복음 10장에 나오는 선한 사마리아 사람이 그렇습니다.

어떤 사람이 예루살렘에서 여리고로 내려가다가 강도를 만났습니다. 강도들은 그의 옷을 벗기고 때려 거의 죽게 만들어 놓고 갔습니다. 마침 한 제사장이 그 길로 내려가다가 그를 보았습니다. 하지만 제사장은 그냥 피해서 가 버립니다. 어느 레위 지파 사람도 지나가다 그를 보았지만 지나쳐 버렸지요. 제사장이나 레위인은 하나님 말씀을 잘 알고 하나님을 열심히 섬긴다는 사람들입니다. 백성보다 율법을 많이 알고 나름대로 자부심이 있는 사람들이지요.

그러나 결정적으로 하나님 뜻을 행해야 할 순간에 그들은 행함을 보이지 못했습니다. 물론 돕지 못할 이유가 있었다고 말하겠지만, 진정 그들에게 양선의 마음이 있다면 도움이 절실하게 필요한 사람을 외면하고 가 버릴 수는 없습니다.

그 후 한 사마리아 사람이 그곳을 지나가다 그 사람을 보았습니다. 사마리아 사람은 그를 불쌍히 여겨 기름과 포도주를 상처에 붓고 싸매 주었지요. 그리고 짐승에 태워 주막으로 데리고 가서 돌보아 줍니다. 이튿날에 데나리온 둘을 주막 주인에게 주며 그를 돌봐달라고 부탁한 뒤 비용이 더 들면 돌아오는 길에 지불하겠다고 약속하면서 떠났습니다.

사마리아 사람이 이기적인 입장에서 생각한다면 이렇게까지 해야 할 이유가 없습니다. 내 갈 길도 바쁜데 아무 관계도 없는 사람의 일에 끼어들었다가 시간과 물질을 손해볼 수도 있습니다. 또 응급 조치는 해 줄 수 있지만 굳이 앞으로의 비용까지 대겠다면서 주막 주인에게 부탁해야 할 책임은 없지요.

그러나 그에게는 양선의 마음이 있었기에 죽어가는 사람을 외면할 수 없었습니다. 물질이나 시간에 손해를 본다 해도, 아무리 갈 길이 바쁘다 해도 도움이 절실하게 필요한 사람을 차마 버리고 갈 수는 없었던 것입니다. 자기가 할 수 없는 상황에서는 다른 사람에게 부탁해서라도 돕고자 했습니다. 만약 나름대로 이유가 있다 해서 그냥 지나쳤다면 이 사마리아 사람의 마음에는 그 일이 두고두고 무거운 짐으로 남았을 것입니다.

"다친 사람은 어떻게 되었을까…. 내가 손해를 보더라도 그를 구해 주었어야 하는데…. 하나님이 보고 계시는데 어떻게 그냥 지나쳤을까?" 하며 자책했겠지요. 누군가 자신의 발목을 붙잡고 끌어당기는 것처럼 선을 택하지 않고서는 견딜 수 없어서 범사에 선을 택해 나가는 마음이 바로 양선입니다.

어떤 상황에서도 다투거나 들레지 않아야

양선의 빛깔이 강하게 드러나는 또 다른 성경구절은 마태복음 12장 19~20절입니다.

"그가 다투지도 아니하며 들레지도 아니하리니 아무도 길에서 그 소리를 듣지 못하리라 상한 갈대를 꺾지 아니하며 꺼져가는 심지를 끄지 아니하기를 심판하여 이길 때까지 하리니"

이는 예수님의 양선을 알려 주는 내용입니다. 예수님은 사역하시는 동안 누구와도 걸리지 않고 아무 다툼도 없었습니다. 어릴 때부터 오직 하나님 말씀에 순종했고, 공생애 기간에도 천국 복음을 전하며 병든 사람들을 고치는 등 선한 일만 하셨습니다. 그런데도 악한 사람들은 예수님을 죽이려고 여러 말로 시험하지요.

그때마다 예수님은 사람들의 악한 의도를 알면서도 미워하지 않았고, 하나님 참 뜻을 깨달을 수 있도록 깨우쳐 주셨습니다. 그래도 깨우치지 못할 때에는 다투지 않고 피하셨습니다. 십자가 구원의 섭리를 이루기 위해 법정에서 심문받을 때에도 다투거나 변론하지 않으셨습니다.

우리가 신앙생활을 하면서 초신자의 때가 지나면 하나님의 말씀을 듣고 배운 것이 있기 때문에 설령 상대와 맞지 않는 일이 생겨도 언성을 높이고 혈기 내며 싸우는 일은 거의 없습니다. 그러나 언성을 높이는 것만이 다툼은 아닙니다. 뭔가 상대와 맞지 않을 때 못마땅하고 불편해하는 것 역시 다툼이지요. 이미 마음의 평화가 깨졌기 때문입니다.

이처럼 마음의 다툼이 있다면 그 원인은 자신에게 있습니다. 누가 힘들게 하기 때문이 아닙니다. 상대가 마음에 맞지 않게 행동하기 때문도 아닙니다. 내가 상대를 품지 못하는 작은 그릇이고, 부딪히면 소리가 날 수밖에 없는 틀이 있기 때문입니다.

포근한 솜에 무엇이 부딪힌들 소리가 나겠습니까? 그릇에 맑고 깨끗한 물이 있다면 아무리 흔든다 해도 물은 여전히 맑고 깨끗합니다. 사람의 마음도 마찬가지입니다. 어떠한 상황에 처했을 때 마음의 평화가 깨지고 좋지 않은 감정이 올라

온다면 아직 마음에 악이 있기 때문입니다.

그런데 예수님은 들레지 않으셨다 했는데, 사람들이 들레는 이유는 무엇일까요? 자신을 드러내고 자랑하기 원하는 마음이 있기 때문입니다. 자신을 알아주기 원하고 그만한 대접을 받기 원하기 때문에 들레는 것이지요.

예수님은 죽은 사람을 살리고 눈먼 사람을 보게 하시는 등 큰 권능을 베풀면서도 들레지 않고 겸손히 행하셨습니다. 뿐만 아니라 십자가에 달린 예수님을 사람들이 조롱할 때에도 들레고자 하는 마음이 조금도 없으셨기에 죽기까지 하나님 뜻에 복종하셨습니다(빌 2:5~8). 또 예수님은 아무도 길에서 그 소리를 듣지 못할 정도였다고 합니다. 걸음걸이나 몸가짐, 언어 습관에서도 얼마나 흠이 없고 온전하셨는지 나타냅니다. 지극한 선과 겸손함, 영적인 사랑이 가득한 내면으로부터 나오는 모습이지요.

우리가 양선의 열매를 맺으면 주님처럼 누구와도 걸리거나 부딪치는 일이 없습니다. 상대의 티나 허물을 드러내 말하지 않습니다. 자신을 드러내 높임 받으려 하지도 않고 경우에 맞지 않는 일을 당한다 해서 불평하지도 않습니다.

상한 갈대를 꺾지 않고 꺼져 가는 심지도 끄지 않아야

나무나 화초를 키울 때 상한 잎이나 가지가 있으면 깨끗하게 잘라내기 마련입니다. 또한 심지가 꺼져 갈 때는 빛이 밝지 않고 그을음도 심하기 때문에 미리 불을 꺼 버립니다. 그러나 양선의 마음이 있으면 상한 갈대도 꺾지 않고 꺼져 가는 심지도 끄지 않습니다. 만의 하나라도 회생할 가능성이 있다면 차마 단호하게 그 생명을 끊어버리지 못하고 어찌하든 살길을 열어 주고자 하지요.

영적으로 '상한 갈대'란, 세상의 죄와 악으로 가득 찬 사람을 말합니다. '꺼져 가는 심지'란 마음이 악으로 심하게 물들어서 그 영혼의 등불이 꺼져 가는 사람을 뜻합니다. 상한 갈대와 꺼져 가는 심지 같은 사람들은 주님을 영접하기가 어렵습니다. 하나님을 믿는다 해도 그 행함을 보면 세상 사람과 다를 바 없고 오히려 성령을 거역하며 하나님을 대적하는 경우도 있지요. 예수님 당시 놀라운 권능을 보면서도 여전히 믿지 않고 악을 발하는 사람들이 많았지만 예수님께서는 이런 사람들도 끝까지 믿음으로 바라보며 구원받을 기회를 열어 주셨습니다.

오늘날 교회 안에도 상한 갈대와 같고 꺼져 가는 심지와 같은 영혼들이 있습니다. 입으로는 '주여, 주여' 하면서도 여전히 죄 가운데 사는 사람, 심지어 하나님을 대적하는 사람들도 있습니다. 믿음이 연약하므로 시험 환난에 넘겨져서 교회에 나오지 못하는 경우도 있고, 교회에서 어떤 악을 행하고 난 뒤 스스로 민망하고 부끄러워서 교회를 떠나는 경우도 있습니다. 양선의 마음이 있으면 이런 영혼들에게도 먼저 손을 내밀어 줄 수 있습니다.

어떤 사람들은 교회 안에서 사랑받고 인정받기 원하는데 그렇게 되지 않으니 오히려 악을 행하기도 합니다. 성도들에게 사랑받는 사람들, 영적으로 앞서 가는 사람들을 시기하여 그들을 비난하거나 험담하기도 하지요. 또 자신이 주도하는 일이 아니면 마음을 함께 모아 주지 않고 사사건건 트집을 잡기도 합니다.

그렇지만 양선의 열매가 맺힌 사람은 악을 발하는 그들을 품어 줍니다. 굳이 시비를 따져 상대의 잘못을 드러내거나 상대를 꺾어 버리고자 하지 않습니다. 진실한 마음으로 선대하여 그들의 마음을 녹이고 오히려 감동을 주는 것이지요.

간혹 이런 요청을 하는 분들이 있습니다. 성도로 가장하고 교회에 나와 안 좋은 일을 꾸미는 사람을 공개해 달라는 것입니다. 그래야 성도들이 속지 않고 나쁜 목적을 가진 이들이 발붙이지 못한다는 것이지요. 만일 그렇게 한다면 교회가 정화되겠지만 그를 전도한 사람이나 가족은 얼마나 민망하겠습니까? "이 사람은 이래서, 저 사람은 저래서…" 솎아내면 교회에 남을 사람이 별로 없습니다. 아무리 나쁜 사람이라 해도 그를 변화시켜 천국으로 인도하는 것이 교회의 사명입니다.

물론 상대가 너무 악하므로 아무리 선하게 대해도 결국 사망의 길로 가는 사람도 있습니다. 이런 경우라도 내 편에서 먼저 "여기까지만 참자!"라는 한계를 두고 그 선을 넘으면 외면해 버리는 것이 아닙니다. 끝까지 포기하지 않고 살리고자 애쓰는 것이 양선의 마음입니다.

20세기 초에 미국에서 이런 일이 있었다고 합니다. 오처드라는 사람은 20세에 가출하여 점차 방탕한 길로 접어들었고, 나중에는 테러 단체의 단원으로 돈을 받고 폭력을 행사하는 일까지 하게 되었습니다. 그로 인해 많은 사람이 죽고 다쳤지요. 그러던 중 주지사 한 사람을 죽이라는 지시를 받고 그의 집 앞에 폭탄을 설치했습니다. 주지사는 비참한 죽음을 맞았고, 이 일로 오처드는 체포되어 감옥에 가게 되었지요.

그런데 이런 오처드에게 생각지도 못한 면회가 계속되었습니다. 바로 그가 죽인 주지사의 부인과 아들이 찾아오는 것이었습니다. 그러면서 "예수님께서 우리 죄를 용서하신 것처럼 우리도 당신의 죄를 용서합니다." 하며 매번 전도 책자를 전해 주고 갔습니다.

마침내 오처드는 예수를 그리스도로 받아들이게 되었고 그 후로 감옥에서 '선한 사마리아인'이란 별명을 얻을 만큼 놀랍게 변화되었습니다. 맡은 일에 충성하고 남을 도와주며 동료 죄수들에게 말씀을 읽어 주기도 했지요. 이처럼 변화된 오처드는 사형에서 무기 징역으로 감형되었고 그 후 평생을 감옥에서 전도에 힘쓰며 살았다고 합니다. 주지사 가족의 용서와 사랑이 한 영혼을 살리고 그를 통해 많은 사람을 구원에 이르게 한 것입니다.

알곡과 쭉정이는 얼핏 보면 비슷하지만 쭉정이는 속이 비어 있어 먹을 수 없습니다. 농부는 곡식을 거두면 알곡은 모아 곳간에 들이고 쭉정이는 불에 사르거나 거름으로 씁니다. 교회 안에도 알곡과 쭉정이가 있습니다. 겉으로는 다 같은 성도의 모습이라도 그 가운데에는 하나님 말씀을 준행하는 알곡이 있는가 하면, 악을 좇는 쭉정이도 있다는 것입니다.

그러나 농부가 성급히 낫을 대지 않고 추수 때까지 기다리듯이, 사랑의 하나님은 비록 쭉정이 같은 사람일지라도 알곡으로 변화되길 바라며 마지막 심판 때까지 기다리십니다. 우리도 마지막 날이 이르기 전까지는 어찌하든 한 사람이라도 더 구원받을 수 있도록 계속해서 기회를 주고 소망 중에 바라봐 주는 양선의 마음을 가져야 하겠습니다.

진리 안에서 선을 좇아 행하는 힘

그렇다면 진리 안에서 선을 좇아 행하는 '양선'이 다른 덕목과는 어떻게 구별될까요? 양선의 마음과 다른 성령의 열매의 구분이 모호할 수 있습니다. "사마리아인이 강도 만난 사람을 도와준 것은 자비나 사랑의 열매, 혹은 구제와 긍휼의 마음이 아닌가?" 또 "다투지도 않고 들레지도 않는다면 화평과 겸손의 마음이 아닌가?", "그렇다면 이런 덕목들이 다 양선에 포함되는가?" 등등 의문이 생길 수 있습니다.

물론 사랑, 구제, 긍휼, 자비, 화평, 겸손도 결국 선에 포함되는 덕목입니다. 앞에서 말한 것처럼 '선'은 하나님의 속성 자체이기 때문에 그 영역이 광범위하지요. 그러나 '양선'에서 더 부각되는 측면은 그러한 선을 행하고자 하는 마음과 실제로 선을 좇아 행할 수 있는 힘에 대한 것입니다. 상대의 어려움을 불쌍히 여기고 도와주는 '긍휼'에 초점을 두는 것이 아니라 마땅히 긍휼히 여겨야 할 상황에서 그냥 지나칠 수 없었던 선의 마음을 말하지요.

또 다투지도 들레지도 않는다는 것은 물론 화평의 마음이며 겸손한 마음입니다. 그러나 이때도 양선의 열매에서 설명하는 것은 선하기 때문에 화평을 깰 수 없는 마음, 인정받으려고 들레기보다는 자신이 낮아지더라도 겸비한 것을 더 좋아하는 선한 마음을 말하는 것입니다.

우리가 충성한다 해도 양선의 열매가 맺히면 어느 한 분야만 아니라 온 집에 충성하게 됩니다. 만약 자신이 감당해야 할 분야 중에 하나라도 소홀히 하면 그로 인해 고통받는 사람이 생길 수도 있습니다. 하나님 나라가 잘 이뤄지지 않을 수도 있지요. 선한 마음이 있으면 그러한 상황을 지나칠 수 없기 때문에 어찌하든 온 집에 충성하려고 애쓰는 것입니다. 그 밖에 여러 가지 항목들도 이렇게 적용하면 이해가 될 것입니다.

악한 사람은 악을 발하지 않으면 마음이 불편합니다. 억울한 일을 당했을 때 참으면 못 견딥니다. 가서 따지고 화를 내야 속이 시원합니다. 또 대화 중에 상대의 말을 중간에 자르고 끼어드는 습관이 있는 사람은 그렇게 하지 않으면 못 견디지요. 상대에게 상처를 주거나 힘들게 한다 해도 일단 자신이 원하는 것을 해야 평안합니다. 이처럼 나쁜 습관을 버리고 진리에 어긋나는 것들은 하나하나 명심해서 버리려고 노력하면 대부분 버릴 수 있습니다. 그런데 노력도 안 하고 포기하면 10년, 20년이 흘러도 여전합니다.

반면에 선한 사람은 스스로 선을 좇지 못했을 때는 자기가 손해를 본 것보다 더 불편하며 두고두고 마음이 쓰입니다. 그러니 내가 손해를 보더라도 남에게 폐를 끼치지 않으려 하고, 내가 불편하더라도 규칙을 지키려고 합니다.

상대를 실족시키지 않기 위해서라면 평생 고기를 먹지 않을 수도 있다는 사도 바울의 고백에서도 이런 마음을 느낄 수 있습니다. 내가 얼마든지 누릴 수 있는 일도 상대를 불편하게 한다면 누리지 않는 편이 더 편안하고 행복합니다. 사람에게도 민망한 일을 하지 못하는데 하물며 자기 안의 성령께서 탄식할 일을 어떻게 할 수 있겠습니까.

이렇게 범사에 선을 좇아 행하는 사람이 바로 양선의 열매를 맺은 사람입니다. 양선의 열매를 온전히 맺으면 예수 그리스도의 마음을 닮게 됩니다. 아무리 어린 사람이라도 상처를 주거나 실족시키지 않으며 남에게 폐를 끼치는 행동을 하지 않습니다. 외면적으로도 선과 겸손이 풍겨납니다. 주의 교양으로 범사에 존경받을 만하며 걸음걸이나 몸가짐, 언어 습관 등이 다 온전해지지요. 누가 봐도 존중할 만한 아름다운 모습으로 그리스도의 향을 발하는 것입니다.

마태복음 5장 15~16절에 "사람이 등불을 켜서 말 아래 두지 아니하고 등경 위에 두나니 이러므로 집 안 모든 사람에게 비취느니라 이같이 너희 빛을 사람 앞에 비취게 하여 저희로 너희 착한 행실을 보고 하늘에 계신 너희 아버지께 영광을 돌리게 하라" 말씀합니다. 또 고린도후서 2장 15절에는 "우리는 구원 얻는 자들에게나 망하는 자들에게나 하나님 앞에서 그리스도의 향기니" 말씀합니다. 그러므로 더욱 힘써 하나님 말씀을 지켜 행함으로 양선의 열매를 온전히 맺어 어디를 가나 그리스도의 향기를 전함으로 범사에 하나님께 영광 돌리시기 바랍니다.

Chapter 8

충 성

충성의 열매를 인정받으려면
사랑과 정성을 다해 맡겨진 일 이상을 해내야
죄를 버리고 진리 안에서 충성
주인의 마음에 맞게 순종하는 충성
온 집에 충성하는 마음
하나님 나라와 의를 위한 충성

그는 나의 온 집에 충성됨이라

그와는 내가 대면하여 명백히 말하고

은밀한 말로 아니하며

그는 또 여호와의 형상을 보겠거늘

민수기 12:7~8

해외로 먼 길을 떠나는 사람이 있었습니다. 그동안 재산을 관리해 줄 사람이 필요하여 그는 종들에게 그 일을 부탁합니다. 그들의 능력대로 어떤 이에게는 한 달란트를, 어떤 이에게는 두 달란트를, 또 어떤 이에게는 다섯 달란트를 맡겼지요. 그중 다섯 달란트를 받은 종은 바로 나가 주인을 위해 장사하여 다섯 달란트를 더 남겼습니다. 두 달란트를 받은 종도 두 달란트를 더 남겼지만, 유독 한 달란트를 받은 종은 땅에 묻어 두어 이윤을 남기지 못했지요.

오랜 세월이 흐른 후, 주인이 돌아왔을 때 두 달란트와 다섯 달란트를 남긴 종에게는 "착하고 충성된 종"(마 25:21)이라는 칭찬과 함께 상이 주어졌습니다. 그러나 한 달란트를 땅에 묻어 둔 종에게는 "악하고 게으른 종"이라는 책망이 돌아옵니다.

하나님께서도 우리의 재능대로 충성의 기회를 주십니다. 그때 힘을 다해 감당함으로 하나님의 나라에 유익을 줄 수 있어야 하나님 앞에 '착하고 충성된 종'이라 인정받을 수 있습니다.

충성의 열매를 인정받으려면

사전에 보면 '충성'은 '진정에서 우러나는 정성 혹은 특정한 사람이나 집단에 대해 자신을 바치고 지조를 굽히지 않음'이라고 정의합니다. 세상에서도 충성된 사람은 신뢰할 만하고 칭찬할 만한 사람으로 높은 평가를 받습니다.

그러나 하나님께서 인정하시는 충성은 세상 사람들이 생각하는 충성과는 차이가 납니다. 맡은 일을 열심히 한다 해서 그 행위만으로 충성이 될 수는 없습니다. 또 어떤 특정한 분야에만 생명 다하기까지 열정을 쏟는다 해서 온전한 충성이라 하지도 않습니다. 만약 아내로서, 엄마로서, 혹은 남편으로서 자기가 있어야 할 위치에서 그 일을 잘 감당했다면 충성이라 할 수 있을까요? 그것은 성령의 열매와 상관없이 당연히 해야 할 일을 한 것뿐입니다.

하나님 앞에 충성된 사람은 하나님 나라의 보배요, 보석같이 사랑스러운 향이 납니다. 요동함 없이 한결같은 마음의 향이 나고 소처럼 우직하고 묵묵한 순종의 향, 많은 말을 하지 않아도 신뢰가 가는 신실한 마음의 향이 나지요. 이런 마음의 향을 발하는 사람이라면 주님도 꼭 안아 주고 싶을 정도로 사랑스럽다 하실 것입니다. 바로 모세가 그랬습니다.

모세는 애굽에서 사백 년이 넘게 노예생활을 하던 이스라엘 백성을 젖과 꿀이 흐르는 가나안 땅으로 인도하는 사명을 받았습니다. 하나님께서 대면하여 말씀하실 정도로 사랑받은 선지자입니다. 그는 자신의 모든 고충은 뒤로 하고 온 집에 충성하면서 하나님께서 명하신 일을 이루었습니다. 백성을 이끄는 지도자로서의 사명은 물론, 가족에게도 소홀함이 없을 정도로 모든 분야에서 넘치도록 충성했지요.

어느 날, 모세의 장인 이드로가 찾아왔습니다. 오랜만에 가족이 한자리에 모이자, 모세는 그동안 하나님께서 이스라엘 백성에게 베푸신 놀라운 일을 이드로에게 전하며 정성을 다해 섬겼습니다. 다음 날이 되자, 이드로의 눈에 매우 이상한 장면이 보였습니다. 이른 아침부터 백성들이 모세를 찾아와 줄을 서는 것입니다. 스스로 해결하지 못하는 송사거리를 가져와 모세에게 털어놓으며 의논하는 것이었습니다. 모세는 일일이 그들을 상대하며 하나님 말씀으로 상담하고 재판하느라 온종일 매달려 있었습니다. 그 모습을 지켜보던 이드로가 한 가지 제안을 했습니다.

출애굽기 18장 21~22절에 "온 백성 가운데서 재덕이 겸전한 자 곧 하나님을 두려워하며 진실무망하며 불의한 이를 미워하는 자를 빼서 백성 위에 세워 천부장과 백부장과 오십부장과 십부장을 삼아 그들로 때를 따라 백성을 재판하게 하라 무릇 큰 일이면 그대에게 베풀 것이고 무릇 작은 일이면 그들이 스스로 재판할 것이니 그리하면 그들이 그대와 함께 담당할 것인즉 일이 그대에게 쉬우리라" 했던 것입니다.

모세는 그의 말을 귀 기울여 들었습니다. 장인의 말에 일리가 있음을 깨닫고 그 말에 순종합니다. 그래서 재덕을 갖춘 이들을 뽑아 천부장, 백부장, 오십부장, 십부장으로 세우고 쉬운 일은 그들이 재판하게 하고 어려운 일은 모세 자신이 결정했지요.

이처럼 선한 마음으로 모든 사명을 감당할 때에 충성의 열매를 맺을 수 있습니다. 모세는 가족에게도 충성했지만, 백성을 섬기는 데 있어서도 자신의 시간과 정성을 다했기에 하나님 앞에 온 집에 충성했다는 인정을 받은 것입니다.

"내 종 모세와는 그렇지 아니하니 그는 나의 온 집에 충성됨이라 그와는 내가 대면하여 명백히 말하고 은밀한 말로 아니하며 그는 또 여호와의 형상을 보겠거늘"(민 12:7~8)

그러면 구체적으로 하나님께서 인정하시는 충성의 열매를 맺은 사람은 어떤 모습일까요?

사랑과 정성을 다해 맡겨진 일 이상을 해내야

급여를 받는 직원이 자신의 업무를 잘 감당했다 해서 그

것만으로 '충성했다'고 하지는 않습니다. '책임을 완수했다'고 할 수는 있지만 삯을 받은 만큼 한 것이므로 '충성'이라고까지 말할 수는 없지요. 그러나 삯을 받고 일하는 사람이라 해도 그 사명을 넘치게 감당하는 경우가 있습니다. '받은 만큼은 해야지' 하는 계산적인 마음이나 억지로 감당하는 것이 아닙니다. 중심에서 우러나는 마음으로, 자기 시간과 물질과 노력을 아끼지 않고 마음과 뜻과 정성을 다해 감당하는 것입니다.

우리 교회 직원 중에도 자기 업무를 더 넘치게 감당하는 분들이 있습니다. 퇴근 시간 후나 휴일에도 일할 때가 많고 그렇지 않을 때도 늘 사명을 마음에 품고 있지요. 시키는 업무만 하는 것이 아니라 맡은 분야를 더 잘 감당하여 교회와 성도들을 더 유익하게 하기 위해서 늘 고민합니다. 그러면서도 시간과 노력을 나누어 구역장이나 기관장 등 영혼 관리의 사명을 맡아서 돌아봅니다. 이렇게 넘치도록 감당하는 것이 충성입니다.

또 책임을 지는 분야에 있어서도 마음에 충성의 열매가 맺힌 사람들은 자신에게 주어진 것 이상으로 책임을 다합니다. 모세의 경우, 범죄한 이스라엘 백성을 살리기 위해 자기 생명을 걸고 기도했습니다. "슬프도소이다 이 백성이 자기들을 위하여 금신을 만들었사오니 큰 죄를 범하였나이다 그러나 합의하시면 이제 그들의 죄를 사하시옵소서 그렇지 않사오면 원컨대 주의 기록하신 책에서 내 이름을 지워 버려 주옵소서"(출 32:31~32)라는 기도를 통해 잘 알 수 있습니다.

그는 지도자로서의 사명을 감당함에 있어 그냥 행위적으로만 하나님 말씀에 순종한 것이 아닙니다. "나는 최선을 다해 하나님 뜻을 전했지만 그들이 받아들이지 않았으니 어쩔 수 없지." 하는 마음이 아니었지요. 하나님의 마음으로 사랑과 정성을 다해 백성을 인도한 것입니다. 그랬기 때문에 그들이 잘못했을 때도 자기가 잘못한 것처럼 안타까운 마음, 책임지고자 하는 마음이었습니다.

사도 바울 역시 로마서 9장 3절에 "나의 형제 곧 골육의 친척을 위하여 내 자신이 저주를 받아 그리스도에게서 끊어질지라도 원하는 바로라" 고백합니다. 이러한 사도 바울과 모세의 고백을 잘 안다고 해서 우리 마음에 충성이 이뤄지는 것은 아닙니다.

믿음이 있다 하고 사명을 잘 감당해 온 사람들이라도 모세와 같은 상황이 되면 "하나님, 저는 최선을 다했습니다. 백성들에게는 안타까운 일이지만 그동안 저도 많이 괴로웠습니다." 하는 것입니다. '내가 할 바는 다 했기에 떳떳하다'는 말이지요. 오히려 책임이 없는 나까지 연루되어 애매히 책망을 들을까봐 염려할 수도 있습니다. 이러한 마음은 충성과는 거리가 멉니다.

물론 생명책에서 자신의 이름이 지워지더라도 저들을 용서하시라는 모세의 기도는 아무나 할 수 있는 것이 아닙니다. 다만 마음에 충성의 열매가 맺힌 사람이라면 적어도 '나는 책임이 없다' 하고 끝나지는 않는다는 점을 설명하는 것입니다. 비록 자신이 최선을 다했다 해도 그것을 생각하기에 앞서 하나님께서 어떤 마음으로 자신에게 사명을 맡기셨는지를 떠올립니다.

또 하나님께서 진노하여 백성들을 멸하겠다고 하셨지만, 사실은 그들의 멸망을 원치 않으시는 사랑과, 영혼들에 대한 긍휼을 떠올리지요. 그러면 어떤 기도가 나오겠습니까? "하나님, 다 제 탓입니다. 제가 더 잘 인도하지 못한 까닭입니다. 저를 보셔서라도 한 번만 더 기회를 주세요."라는 진심 어린 기도가 나오게 됩니다.

모든 분야에서 마찬가지입니다. 충성된 사람은 어떤 분야를 감당하든지 "나는 이만큼만 하면 된다." 하는 것이 아니라 마음과 정성을 다해 넘치게 감당합니다. 고린도후서 12장 15

절에 "내가 너희 영혼을 위하여 크게 기뻐함으로 재물을 허비하고 또 내 자신까지 허비하리니 너희를 더욱 사랑할수록 나는 덜 사랑을 받겠느냐" 하는 사도 바울의 고백이 나옵니다.

그는 영혼들을 돌아봄에 있어서 억지로 하거나 대충대충한 것이 아닙니다. 그 사명 감당하기를 크게 기뻐하므로 자기 재물을 허비하며 자기 자신까지 허비한다 했지요. 영혼들을 위해 아낌없이 드리고 또 드리며 헌신했던 것입니다. 이처럼 모든 사명을 기쁨으로 사랑으로 넘치게 감당할 때 그것이 참된 충성의 마음입니다.

죄를 버리고 진리 안에서 충성

어떤 사람이 범죄 조직에 들어가 그 두목에게 목숨을 바쳐 헌신했다고 합시다. 그 사람을 하나님께서 충성되다 하실까요? 선과 진리 속에서 충성할 때라야 하나님 앞에 인정받을 수 있습니다.

우리가 열심히 신앙생활 하다 보면 여러 가지 사명이 주어집니다. 처음에는 감사함으로 뜨겁게 사명을 감당하며 충성하다가, 어느 순간 사명을 놓는 경우가 있습니다. 사업을 확장하는 데 마음이 뺏겨 사명을 소홀히 하기도 합니다. 생활의 어려움이나 핍박을 피하려고 타협하면서 사명에 대한 충성이 식은 경우도 있습니다. 한때는 충성했는데 왜 마음이 이처럼 변한 것일까요? 그것은 충성했다고 하지만 영적인 충성을 등한히 했기 때문입니다.

영적인 충성이란 꾸준히 '마음의 할례'를 하는 작업을 말합니다. 끊임없이 마음의 두루마기를 빠는 일입니다. 하나님 말씀에 어긋나는 비진리, 악, 불의, 불법, 어둠 등 모든 죄를 버리고 성결되어 가는 것입니다. 요한계시록 2장 10절에 "네가 죽도록 충성하라 그리하면 내가 생명의 면류관을 네게 주리라" 말씀합니다. 여기서 '죽도록 충성한다'는 것은 단순히 육의 목숨을 다하기까지 열심히 일하고 충성한다는 뜻이 아닙니다. 성경 66권에 담긴 하나님 말씀을 생명 다해 이뤄 드린다는 뜻이지요.

가장 먼저는 죄를 피 흘리기까지 싸워 버리며 하나님의 계명을 지켜 나가는 충성이 있어야 합니다. 하나님이 가장 싫어하시는 악, 죄, 비진리들을 버리는 것이 첫째입니다. 이런 충성없이 사명 감당만 열심히 한다고 해서 영적인 충성이라 하지 않습니다. '나는 날마다 죽노라' 고백했던 사도 바울처럼 비진리에 속한 자신의 모습을 철저히 죽이고 성결되는 것이 바로 영적인 충성입니다.

하나님께서 우리에게 가장 원하시는 것이 '성결'이라는 사실을 깨달아 힘을 다해 마음의 할례를 해 나가는 것입니다. 물론 온전히 성결되기까지 다른 사명은 감당하지 말라는 뜻이 아닙니다. 어떤 직분을 맡더라도 항상 성결을 함께 이뤄가야 한다는 말이지요.

마음의 할례를 끊임없이 해 나가는 사람은 사명을 감당하는 충성에도 변함이 없습니다. 현실적으로 어떤 어려움이 오거나 마음의 연단이 있다 해도 그것 때문에 사명을 놓지 않습니다. 왜냐하면 사명 감당은 하나님과 나와의 약속입니다. 어떤 어려움이 왔다 해서 하나님과의 약속을 깨뜨리지 않는 것입니다.

반면에 마음의 할례를 소홀히 하면 어떻게 될까요? 어떤 유혹이나 어려움을 만날 때 자신의 마음을 지키지 못합니다. 하나님과의 약속도 헌신짝처럼 버리고 사명을 놓고 마는 것입니다. 그러다가 은혜가 회복되면 다시 열심히 하기를 반복하지요. 이렇게 신앙의 기복이 있는 사람은 열심히 사명을 감당한다 해도 충성스럽다는 말을 듣지 못합니다.

하나님께서 인정하시는 충성을 하려면 반드시 마음의 죄악을 벗어 버리는 영적인 충성이 함께 병행되어야 합니다. 죄를 버린다고 해서 그 자체가 상급이 되는 것은 아닙니다. 당연히 버려야 할 것을 버렸을 뿐입니다. 마음의 할례는 구원받은 하나님의 자녀라면 마땅히 해야 할 본분이지요. 그러나 죄악을 버리고 성결된 마음으로 사명 감당할 때는 육의 마음으로 할 때와 비교할 수 없는 큰 열매를 맺게 됩니다. 그만큼 더 큰 상급으로 쌓이지요.

예를 들어, 주일에 종일 땀 흘려 봉사하면서 화평을 깼다고 합시다. 이 사람 저 사람과 걸려 다투고 불평하며 원망하는 마음으로 봉사했다면 상급이 얼마나 많이 깎이겠습니까? 그러나 화평한 가운데 선과 사랑으로 봉사했다면 그 수고가 모두 하나님께서 받으시는 향이 되고 하나하나 상급으로 쌓이는 것입니다.

주인의 마음에 맞게 순종하는 충성

교회 안에서라면 먼저는 하나님의 마음에 맞는 충성이 되어야 합니다. 또 질서 가운데 섬기는 윗분의 마음에 맞는 순종으로 충성해야 합니다. 잠언 25장 13절에 "충성된 사자는 그를 보낸 이에게 마치 추수하는 날에 얼음 냉수 같아서 능히 그 주인의 마음을 시원케 하느니라" 했습니다.

아무리 맡은 분야에 열심을 낸다 해도 자신이 원하는 대로 일한다면 주인의 마음을 시원케 할 수 없습니다. 가령, 회사 사장이 직원에게 중요한 고객이 방문할 것이니 자리를 지키라고 했다고 합시다. 그런데 직원이 급한 업무가 있어서 하루 종일 외근을 나갔다면 어떨까요? 아무리 회사 일로 나갔다 해도 사장이 보기에 충성된 직원이라 할 수 없지요.

이처럼 주인의 뜻에 순종하지 않는 이유는 주로 자기 생각에 맞지 않거나 사심이 있기 때문입니다. 이런 사람은 주인을 섬기는 것 같아도 충성된 마음으로 하는 것이 아닙니다. 자기 생각과 욕심을 좇아 일하기 때문에 언제든지 주인의 뜻을 저버릴 수 있는 것입니다.

성경에 보면 다윗의 친척이요 군대장관이던 '요압'이라는 인물이 나옵니다. 요압은 다윗이 어려울 때마다 곁을 지키며 생사고락을 같이한 사람입니다. 지혜도 있고 용맹하여 다윗이 원하는 일들을 잘 처리해 주곤 했지요. 암몬 사람의 성을 취할 때는 요압이 거의 다 정복한 후에 마지막 순간에 다윗이 취하게 하여 그 공로를 다윗에게 돌립니다.

이렇게 열심히 섬기는 신하였지만 다윗은 요압을 편히 여길 수 없었습니다. 요압이 자기 생각이나 유익에 맞지 않을 때는 다윗의 뜻을 어기곤 했기 때문입니다. 요압은 목적을 이루기 위해서 다윗에게 무례한 행동도 서슴지 않았습니다.

다윗을 대적하던 장수 아브넬이 항복하겠다고 찾아왔을 때 다윗은 민심 수습을 위해 그를 환대하여 돌려보냈습니다. 그런데 뒤늦게 그 사실을 알게 된 요압은 아브넬을 뒤쫓아 가 죽였습니다. 예전의 전투에서 아브넬이 요압의 동생을 죽였기 때문이지요. 동생의 원수를 갚는다며 왕의 명령까지 저버린 것입니다. 자신이 아브넬을 죽이면 다윗의 입장이 곤란해질 것을 알면서도 요압은 자기 감정대로 일을 처리했습니다.

또 다윗의 아들 압살롬이 반역했을 때도 마찬가지입니다. 다윗이 군사들에게 압살롬을 너그럽게 대하라고 당부했는데도 요압은 압살롬을 죽여 버립니다. 압살롬을 살려 두면 다시 반역할 수 있으니 다윗을 위해 그런 것이라고 변명할 수 있지만 요압이 임의대로 왕의 명령을 어긴 것입니다.

아무리 생사를 같이하며 섬겼다 해도 결정적인 순간이 되면 이처럼 거역하니 다윗에게는 요압이 늘 부담스러운 존재였지요. 결국 요압은 다윗에 이어 왕위를 이은 솔로몬에게 반역하다가 죽고 말았습니다. 다윗은 솔로몬을 왕으로 택했지만 요압은 자기가 원하는 사람을 왕으로 세우려고 반역을 일으킨 것입니다. 평생 다윗을 섬겼지만 반역자로서 일생을 마감했던 것입니다.

하나님의 일을 할 때도 무엇을 얼마나 열심히 하는지보다 얼마나 하나님의 뜻에 맞게 하는지가 중요합니다. 하나님의 뜻을 어기고 아무리 충성한들 소용이 없습니다. 자기 마음대로 한 것이므로 상급이 되지 않지요. 교회에서 어떤 일을 할 때도 내 생각대로, 내 뜻대로 하기에 앞서 윗분의 의중에 맞춰 일할 수 있어야 합니다. 그래야 원수 마귀 사단이 송사하지 못하고 결과가 하나님께 영광 돌리는 일로 나오기 때문입니다.

온 집에 충성하는 마음

자신이 관련된 모든 분야에서 두루 충성하는 것을 온 집에 충성한다고 말합니다. 교회에서도 여러 가지 직분을 받았을 때 책임을 다해야 합니다. 특별한 사명이 없다 해도 교회의 성도로서, 각종 모임에 속한 회원으로서 자리를 지키는 것도 충성의 분야이지요.

교회만 아니라 가정이나 직장, 학교에서도 각자가 감당해야 할 일들이 있습니다. 이런 모든 분야에서도 구성원으로서의 본분을 다해야 합니다. 이렇게 하나님의 자녀로서, 교회의 양 떼로서, 직분자로서, 가정, 직장, 학교의 구성원으로서의 본분을 다할 때 온 집에 충성하는 것입니다. 한두 가지 분야만 열심히 하고 나머지는 좀 소홀히 하는 것이 아니라 모든 분야에서 충성해야 하지요.

"몸은 하나인데 직분이 많으면 어떻게 모든 분야에 충성할 수 있을까?" 생각할 수 있지만, 영으로 변화되는 만큼 온 집에 충성하는 것은 어려운 일이 아닙니다. 비록 적은 시간을 투자한다 해도 모든 것을 영으로 심을 때는 반드시 열매로 거두기 때문입니다.

또한 영으로 변화된 사람은 자기의 유익과 편안함을 좇기보다는 상대의 유익과 입장을 먼저 생각합니다. 그렇기 때문에 자신을 희생해서라도 주어진 모든 분야를 돌아봅니다. 또 영으로 들어간 만큼 마음을 선으로 채우게 되는데, 선한 사람은 어느 한 분야에 치우치지 않습니다. 자신이 맡은 분야가 많다 해도 한 가지도 소홀히 하는 일이 없지요.

매사에 "내가 조금만 더 마음을 쓰자." 하며 최선을 다해 정성껏 주변을 돌아봅니다. 그러면 주변 사람들도 그 진실을 느끼므로 함께해 주지 못한다고 서운해하는 것이 아니라 오히려 마음 써 줘서 고맙게 여깁니다.

예를 들어, 한 사람이 A 모임에서는 회장이고 B 모임에서는 회원입니다. 이러한 경우, 마음에 선이 있고 충성의 열매가 맺힌 사람은 둘 중 어느 하나도 소홀히 하지 않습니다. "나는 A 모임의 머리니까, B 모임에는 가지 않아도 이해하겠지." 하고 당연하게 여기지 않습니다. B 모임에 함께하지 못할 상황이 되면 다른 방법으로라도 마음을 쓰며 힘이 되려고 합니다. 이렇게 선이 있는 만큼 온 집에 충성할 수 있고 모든 사람과 더불어 화평함도 이룰 수 있습니다.

하나님 나라와 의를 위한 충성

요셉은 17세의 어린 나이에 애굽의 시위대장 보디발의 집에 종으로 팔려갔습니다. 그런데 요셉이 얼마나 신실하고 충성스러웠으면 보디발은 그에게 집안일을 다 위임하고 다시 간섭하지도 않았다고 했습니다. 아무리 하찮은 일이라도 적당히 한 것이 아니라, 주인의 마음으로 최선을 다했기 때문입니다.

하나님의 나라를 이룰 때도 곳곳에 이런 직분자들이 절실하게 필요합니다. 어떤 분야를 맡았을 때 윗사람이 돌아보지 않아도 될 만큼 충성스럽게 감당하는 사람이 있다면 하나님의 나라에도 얼마나 힘이 될까요?

누가복음 16장 10절에 "지극히 작은 것에 충성된 자는 큰 것에도 충성되고 지극히 작은 것에 불의한 자는 큰 것에도 불의하니라" 말씀합니다. 비록 육의 상전을 섬긴 것이지만 요셉은 하나님을 믿는 믿음으로 충성된 행함을 보였습니다. 하나님께서는 그것을 헛되게 여기지 않으시고 애굽 총리가 되는 축복으로 갚아 주셨지요.

저는 지금까지 한시도 하나님의 일을 마음에서 놓아 본 적이 없습니다. 교회를 개척하기 전에도 늘 철야 기도를 했지만, 개척한 후에는 밤 12시부터 새벽 4시까지 개인 기도를 하고 이어 새벽기도를 인도했습니다. 그때는 매일 밤 9시에 진행되는 다니엘철야기도회가 아직 없었기 때문입니다. 주의 종이나 구역장도 없는 상황이라 혼자 새벽기도를 인도했지만 빠진 날이 없었습니다.

그러면서 주일예배와 수요예배, 금요철야예배 등 각종 설교를 준비하며 신학교에 다녔지요. 피곤하고 힘들다 해서 다른 사람에게 맡긴 적이 없었고, 신학교에 다녀오면 환자들을 돌보거나 성도들을 심방했습니다. 전국에서 소문을 듣고 많은 환자들이 치료받으려고 찾아왔기 때문입니다. 심방할 때도 한 사람 한 사람을 정성으로 섬겼습니다.

당시 학생들 중에는 버스를 두세 번 갈아타고 오는 경우가 많았습니다. 지금은 교회 버스가 있지만, 그때는 그렇지 않았기에 학생들이 교통비를 염려하지 않도록 마음을 썼습니다. 예배가 끝나고 돌아갈 때면 항상 정류장까지 따라가 승차권(토큰)을 쥐어 주며 손 흔들어 배웅했지요. 승차권도 다음에 교회 올 때 필요한 분량만큼 넉넉히 주었습니다. 당시 헌금이 몇만 원 정도 나올 때였으므로 교회 재정으로 할 수 있는 일이 아니었기 때문에 제가 모은 돈으로 그렇게 했던 것입니다.

또 새로운 영혼이 전도되면 너무너무 소중한 보물 같아서 잃지 않으려고 늘 그들을 위해 기도하고 사랑과 정성으로 섬겼습니다. 그래서 당시에는 전도되어 온 영혼들이 정착하지 못하고 떠나는 일이 없었습니다. 자연히 교회는 계속 부흥했지요. 그러면 이제는 성도가 많아졌으니 저의 충성이 식었을까요? 아닙니다. 영혼들에 대한 마음은 조금도 식지 않았습니다.

지금은 전 세계에 9천여 개의 지교회가 생겼고, 많은 주의 종과 장로, 권사, 지역장, 조장, 구역장 등 수많은 직분자들이 있습니다. 그런데도 영혼 사랑함이나 기도 등 모든 것이 그때보다 더 뜨거워졌지 결코 식지 않았습니다.

여러분은 하나님 앞에 충성함이 예전과 얼마나 달라졌는지요? 예전에는 사명도 사모하고 충성했는데 지금은 아무것도 맡지 않은 분이 계십니까? 예전이나 지금이나 사명은 그대로라 해도 처음 그 사명을 맡았을 때의 뜨거웠던 마음이 식지는 않았는지요? 참 믿음을 가진 사람이라면 신앙의 경륜이 쌓일수록 충성도 더 숭해지기 마련입니다. 우리가 주 안에서 충성하는 것은 하나님 나라를 이루고 수많은 영혼을 구원하기 위한 충성입니다. 그러니 장차 천국에서는 얼마나 값지고 귀한 상급으로 받겠습니까?

만약 하나님께서 행위적인 충성만 원하셨다면 굳이 사람을 창조하지 않으셨을 것입니다. 순종 잘하고 충성하는 천군과 천사들이 하나님 곁에 헤아릴 수 없을 만큼 많기 때문입니다. 그러나 하나님은 로봇 같은 존재를 원하신 것이 아니라, 마음 중심에서 하나님을 사랑함으로 충성하는 자녀를 원하셨습니다.

시편 101편 6절에 "내 눈이 이 땅의 충성된 자를 살펴 나와 함께 거하게 하리니 완전한 길에 행하는 자가 나를 수종하리로다" 말씀했습니다. 마음에 악은 모양이라도 버리고 온 집에 충성한 사람은 천국 중에서도 가장 아름다운 새 예루살렘에 들어가는 축복을 누리는 것입니다. 그러므로 충성의 열매를 맺어 완전한 길로 행하여 하나님 나라에 기둥같이 쓰임받을 뿐 아니라 하나님 보좌 가까이 거하는 영광을 누리시기 바랍니다.

There Is No Love Against Such Things

Chapter 9

온 유

많은 사람을 품을 수 있는 온유의 열매
덕을 겸비한 영적인 온유함이라야
온유의 열매가 맺힌 사람의 특징
온유의 열매를 맺으려면
옥토의 마음을 이루어야
온유한 사람이 받는 축복

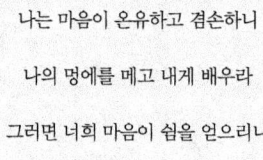

나는 마음이 온유하고 겸손하니

나의 멍에를 메고 내게 배우라

그러면 너희 마음이 쉼을 얻으리니

마태복음 11:29

우울증, 내성적인 성격, 모가 난 성격, 다혈질 등 자신의 성격 때문에 고민하는 사람들이 의외로 많습니다. 어떤 사람은 뭔가 마음대로 되지 않을 때 "타고난 성격이 이래서 어쩔 수 없어." 하고 핑계를 댑니다. 그러나 하나님께서 사람을 창조하셨으므로 하나님의 능력으로는 사람의 성격을 변화시키는 일이 조금도 어렵지 않습니다.

이스라엘의 지도자가 된 모세는 순간의 감정을 이기지 못하고 사람을 죽이는 일까지 있었지만 하나님의 능력으로 변화되어 온유함이 지면의 모든 사람보다 승(勝)하다는 인정을 받았습니다. 요한계시록을 기록한 사도 요한도 '우레의 아들'이라는 별명이 붙을 정도로 불같은 성격의 소유자였지만 하나님의 능력으로 변화되니 누구보다도 온유하다고 인정받는 사람이 되었습니다.

이처럼 혈기 많고 들레는 성품도, 자기중심적이고 의가 강한 성품도 악을 버리고 마음 밭을 개간하면 온유하고 덕스러운 성품으로 바꿀 수 있습니다. 내성적이고 소심한 마음도 담대하고 넉넉하게 바꾸어 많은 사람을 그 안에 품을 수 있지요.

많은 사람을 품을 수 있는 온유의 열매

사전에는 '온유'란 '성격이 온화하고 부드러움'이라고 정의합니다. 성격적으로 소심하거나 내성적이라서 자기 표현을 잘하지 못하는 사람도 온유한 것처럼 보일 수 있습니다. 세상 물정을 모르고 순진한 사람 혹은 바보스러워서 혈기를 내지 않는 사람을 보고도 사람들은 온유하다고 말하지요.

그런데 영적인 온유함은 단순히 부드럽고 온화한 것이 아닙니다. 지혜가 있고 옳고 그름을 분별할 수 있지만 악한 감정이 없으므로 모두를 이해하고 품어 줄 수 있는 부드러운 마음이지요. 곧 온화하고 부드러운 성품에 덕(德)이 겸해져 있는 것이 영적인 온유입니다. 덕이 있으면 항상 유순하기만 한 것이 아니라 반듯하게 치리해야 할 때는 위엄을 가지고 치리할 수 있습니다.

또한 온유한 사람의 마음은 솜털같이 포근합니다. 푹신한 솜털에 돌을 던지거나 바늘로 찔러도, 솜털은 소리 없이 감싸 버리지요. 이런 것처럼, 상대가 자신을 어떻게 대한다 해도 온유한 사람의 마음에는 걸림이 없습니다. 곧 상대로 인해 혈기를 내지 않으며 서운해하지 않습니다. 또 불편해하지도 않고 상대의 마음을 불편하게 만들지도 않습니다.

다른 사람을 판단 정죄 하지 않고 이해하며 감싸 줍니다.

이런 사람에게서는 편안함을 느끼므로 많은 사람들이 와서 깃들이며 쉼을 얻지요. 마치 우람한 나무에 가지가 무성하면 새들이 그 가지에 깃들여 보금자리를 짓고 쉼을 누리는 것과 같습니다.

하나님 앞에서 온유함을 인정받은 대표적인 사람이 바로 모세입니다. 민수기 12장 3절에 "이 사람 모세는 온유함이 지면의 모든 사람보다 승하더라" 말씀합니다. 모세가 출애굽시킨 이스라엘 백성은 장정의 수만 해도 60만 명입니다. 여자와 아이들, 노인들을 포함하면 그 수가 족히 200만 명이 넘을 것입니다. 이렇게 많은 사람을 인도하는 것 자체가 보통 사람으로는 감당하기 힘든 일이지요.

더구나 모세가 이끄는 이스라엘 백성은 애굽에서 노예 생활을 하면서 마음이 강퍅해진 상황입니다. 매를 맞고 욕을 먹어가면서 힘든 노예 생활을 하다 보면 심성이 거칠어지고 악이 많이 심기지요. 이런 상태에서는 은혜를 마음 깊이 새기거나 하나님을 중심으로 믿고 따르기가 쉽지 않습니다. 그러니 모세가 아무리 큰 권능을 보여 주어도 백성들은 번번이 하나님의 뜻을 거역했습니다.

조금만 힘든 상황을 만나면 얼마 전까지 찬양하고 감사

하던 입술로 금방 모세를 원망하고 대적하는 것입니다. 이런 백성들을 이끌고 40년 동안이나 광야 생활을 한 것만으로도 모세의 온유함이 얼마나 승했는지 잘 알 수 있습니다. 이러한 모세의 마음이 바로 영적인 온유함이며, 성령의 열매 중 온유의 열매에 속합니다.

덕을 겸비한 영적인 온유함이라야

혹시 여러분 중에 "나는 혈기도 잘 내지 않고 남들보다 온유한 것 같은데 기도의 응답을 잘 받지 못합니다. 성령의 음성을 밝히 듣지 못합니다." 이런 분이 계십니까? 그렇다면 그 온유함이 육적인 온유함이 아니었는지 돌아보아야 합니다. 사람이 보기에는 순해 보이고 얌전하며 온화해 보이는 것을 온유하다 말하지만 이는 육적인 온유함에 불과합니다.

하나님께서 원하시는 것은 영적인 온유함입니다. 영적인 온유함은 부드럽고 유순한 것만이 아니라 덕을 겸해야 합니다. 내면에 온유한 성품이 있다 해도 외면에 덕스러움을 갖춰야 영적인 온유함을 온전히 이뤘다고 할 수 있습니다. 마치 훌륭한 인격을 가진 사람이 그에 어울리는 옷을 입은 것과 같지요. 인격이 훌륭한 사람이라 해도 그가 벌거벗고 돌아다닌다면 부끄러움을 당하는 것처럼 덕이 없는 온유는 그 가치를 다하지 못합니다.

덕은 온유함을 빛나게 하는 옷과 같은 것이지만 율법적이거나 외식하는 모습과는 전혀 다릅니다. 마음에 성결을 이루지 않고 겉으로만 반듯하게 행한다 해서 덕이 있다 할 수는 없지요. 마음을 온전히 이루기보다 겉모습을 바르게 하는 데 치우치다 보면 오히려 자기 발견을 멈추고 스스로 영적인 성장을 이룬 줄로 착각하기 쉽습니다.

그러나 세상에서도 인격을 갖추지 못한 사람이 외모를 그럴 듯하게 꾸민다 해서 뭇사람의 마음을 사는 것이 아닙니다. 신앙 안에서도 내면의 아름다움을 갖추지 않고 외면에 치중하는 것은 아무런 가치가 없습니다.

어떤 사람은 자신이 반듯하게 행동하므로 그렇지 못한 사람을 판단하고 무시합니다. "이렇게 하는 것이 옳고 마땅한 일인데 왜 그렇게 하지 않는가?" 하면서 자신의 기준에 맞추기를 요구하기도 합니다. 부드럽고 좋은 말로 포장해서 권면하기는 하지만 속으로는 상대를 판단하며 자기의 틀과 악한 감정 가운데 말하는 것입니다. 이런 사람에게는 영혼들이 깃들이는 것이 아니라 오히려 상처받고 주눅 들기 때문에 가까이하지 않으려고 합니다.

또 어떤 사람은 자기적인 의와 악함 속에서 혈기와 짜증을 내면서 이렇게 말합니다. "혈기가 아니라 의분입니다." 혹은 "상대를 위해서 충고한 것뿐입니다."라고 변명합니다. 그러나 덕 있는 사람은 어떤 상황에서도 마음의 평정을 잃지 않습니다.

그러므로 온유의 열매를 온전히 맺고 싶다면 적당히 겉모습만 포장해서 마음의 악을 가리고자 해서는 안 됩니다. 그건 사람들에게 보이기 위해서 하는 것입니다. 범사에 자신을 점검하고 또 점검하여 중심을 보시는 하나님 앞에 항상 선한 쪽을 택할 수 있어야 하겠습니다.

온유의 열매가 맺힌 사람의 특징

사람들은 마음이 넓고 온유한 사람을 보면 마음이 바다와 같다고 말합니다. 바다는 계곡물, 시냇물, 강물과 함께 떠내려 온 폐수와 오염물질 등 온갖 더러운 것을 받아들여 깨끗하게 정화시킵니다. 이런 바다와 같이 우리가 넓고 온유한 마음을 이룬다면 비록 죄로 물든 영혼들이라 할지라도 구원을 얻도록 이끌어 줄 수 있습니다.

내면의 온유함과 함께 외면의 덕을 겸비하면 많은 사람의 마음을 얻으므로 더욱 능력을 발휘하여 큰일을 이루는 것입니다. 그러면 온유의 열매를 맺은 사람은 어떤 모습으로 드러나는지 몇 가지만 예를 들어 보겠습니다.

먼저, 반듯하고 위엄 있으며 절도 있는 행함으로 나타납니다.

분별없이 순하기만 하고 우유부단한 사람은 다른 사람들을 포용할 수 없습니다. 오히려 무시당하고 이용당하기 쉽지요. 역사적으로도 어떤 왕은 성품 자체는 유순하나 덕이 없으니 정치 기강을 잡지 못해 나라가 안정되지 않았습니다. 그런 왕은 후세 사람들이 평가할 때도 온유하다기보다 무능하고 우유부단했다고 말합니다.

반면 어떤 왕은 성품이 인자하여 따뜻하고 부드러울 뿐아니라 위엄 있고 지혜롭게 통치합니다. 그러니 나라의 질서와 기강이 잘 잡히고 백성들도 평안하게 살 수 있지요. 이처럼 덕과 온유를 겸비한 사람은 내면에 공명정대한 기준을 갖고 있기에 옳고 그름을 정확히 분별하여 의를 행합니다.

예수님께서도 성전을 정화하실 때나 바리새인들과 율법사들의 외식을 책망하실 때는 단호하고 강한 모습을 보여 주셨습니다. 상한 갈대를 꺾지 않고 꺼져가는 심지를 끄지 않는 부드러운 마음이지만 책망해야 할 때는 호되게 책망하셨던 것입니다. 그런 단호함과 의로움이 내면에 있는 사람은 언성

을 높이거나 엄하게 하지 않아도 뭇사람들이 그를 경솔하게
대하지 못합니다.

이렇게 외적으로 드러나는 모습은 주의 교양이나 온전한
몸의 행실과도 연관이 있습니다. 덕 있는 사람은 말 한마디에
도 무게가 있어 무익한 말이나 헛된 말을 입에 담지 않습니다.
복장도 때와 장소에 적합하게 갖출 줄 알고 표정도 무뚝뚝
하거나 차가운 것이 아니라 부드럽지요.

예를 들어, 어떤 사람이 머리나 옷매무새가 단정하지 않게
흐트러져 있고 걸음걸이도 경박스럽게 보인다고 합시다. 수시
로 농담이나 무익한 말을 즐겨합니다. 이런 사람은 남들에게
신뢰를 주거나 존중받기 쉽지 않고, 그 안에 깃들이지도 않을
것입니다.

만약 예수님께서 수시로 농담을 하는 분이셨다면 제자들
도 덩달아 맞대응했을 수도 있습니다. 예수님께서 어려운 말
씀을 하실 때 제자들도 곧바로 반박하여 변론하거나 자기주
장을 고집할 수도 있지요. 그러나 제자들은 감히 그러지 못
했습니다. 심지어 변론하기 위해 왔던 사람들조차도 예수님의
위엄 앞에서는 쉽게 말꼬리를 잡거나 반박하지 못했습니다.
예수님의 언행에는 항상 무게가 있었고 범접할 수 없는 위엄

이 있었던 것입니다.

　물론 윗사람의 입장에서 분위기를 편하게 하려고 아랫사람에게 우스갯소리를 할 수는 있습니다. 이럴 때 아랫사람이 똑같이 농담으로 대응하고 계속 무례하게 대한다면 이는 아랫사람이 사리 분별이 부족하여 윗사람의 마음을 헤아리지 못한 것이지요. 그러나 윗사람이 반듯하지 못하여 흐트러진 모습을 보인다면 그만큼 상대에게 신뢰를 주기는 어렵습니다. 특히 회사에서 직위가 높은 경우에는 더욱 반듯한 자세와 언어, 행실을 갖춰 나가야 합니다.

　어떤 사람은 부하 직원이나 어린 사람들에게도 존댓말을 쓰고 깍듯하게 대합니다. 그러나 때로는 자신을 어려워하는 아랫사람을 편하게 해 주기 위해서 일부러 말을 높이지 않을 때도 있지요. 상황에 따라 이렇게 허물없이 대해 주는 것이 상대에게 편안함을 주고 마음을 쉽게 열 수 있기 때문입니다. 그런데 그것이 한 번, 두 번 계속되어 아랫사람이 윗사람을 우습게 여기고 변론하거나 불순종하는 상황이 생기지 않도록 삼가 조심해야 합니다.

　그러므로 로마서 15장 2절에 "우리 각 사람이 이웃을 기쁘게 하되 선을 이루고 덕을 세우도록 할지니라" 말씀합니다. 또한 빌립보서 4장 8절에는 "무엇에든지 참되며 무엇에든지 경건하며 무엇에든지 옳으며 무엇에든지 정결하며 무엇에든지 사랑할 만하며 무엇에든지 칭찬할 만하며 무슨 덕이 있든지 무슨 기림이 있든지 이것들을 생각하라" 말씀합니다. 이처럼 덕 있는 사람은 모든 것을 반듯하게 하되 동시에 상대의 마음을 배려하여 편하게 하는 마음 씀씀이를 갖고 있는 것입니다.

다음으로, 마음을 넓게 쓰는 긍휼과 자비의 행함으로 나타납니다.

물질적으로 어려운 사람을 구제할 뿐 아니라 영적으로 곤고한 사람, 연약한 사람을 돌아보아 위로하고 은혜를 입혀 줍니다. 그런데 자기 안에 온유함이 있다 해도 그 온유함이 마음 안에만 머물러 있다면 그 자체로는 그리스도의 향기를 발하기 어렵습니다.

가령, 핍박 중에 힘들게 신앙생활 하는 성도가 있을 때 주변의 일꾼들이 그 사정을 알게 되면 안타까워하고 그를 위해 기도도 해 줍니다. 그런데 어떤 사람은 그 안타까움이 마음에만 머물러 있습니다. 반면에 어떤 사람은 기회가 될 때마다 따뜻하게 위로와 격려의 말을 건네고 상황을 살펴 구제합니다. 믿음으로 잘 승리할 수 있도록 힘을 주는 것입니다.

이렇게 상대를 배려하는 마음을 안에 담고만 있느냐, 행함으로 나타내느냐 하는 것은 상대의 입장에서 느낄 때 큰 차이가 있습니다. 온유한 마음이 덕 있는 모습으로 드러나야 상대에게 은혜와 생명이 되는 것입니다. 그래서 '온유한 자는 땅을 기업으로 받는다'(마 5:5) 하신 말씀은 덕으로 인해 나타나는 충성과 밀접한 관련이 있습니다. 땅을 받는다는 것은 상급과 관련된 말씀입니다. 일반적으로 상급은 충성과 연결되지요. 교회에서 공로패, 감사패, 전도상 등을 받을 때도 주로 충성의 결과로 받습니다.

마찬가지로 온유한 사람이 받는 축복도, 마음이 온유한 것만 가지고 받는 상이 아닙니다. 온유한 마음이 덕스럽게 표현될 때 결과적으로 충성의 열매를 맺으니 그로 인해 상을 받는 것이지요. 곧 많은 영혼을 덕스럽게 품어서 힘과 위로를 주고 생명을 심어 줄 때 천국의 땅을 상급으로 받는다는 것입니다.

온유의 열매를 맺으려면

그러면 어떻게 해야 온유의 열매를 맺을 수 있을까요? 마음 밭을 옥토로 개간하면 됩니다.

"예수께서 비유로 여러 가지를 저희에게 말씀하여 가라사대 씨를 뿌리는 자가 뿌리러 나가서 뿌릴새 더러는 길 가에 떨어지매 새들이 와서 먹어버렸고 더러는 흙이 얇은 돌밭에 떨어지매 흙이 깊지 아니하므로 곧 싹이 나오나 해가 돋은 후에 타져서 뿌리가 없으므로 말랐고 더러는 가시떨기 위에 떨어지매 가시가 자라서 기운을 막았고 더러는 좋은 땅에 떨어지매 혹 백배, 혹 육십 배, 혹 삼십 배의 결실을 하였느니라"(마 13:3~8)

이처럼 예수님께서는 사람의 마음을 네 가지 밭에 비유하셨는데 길가 밭과 돌밭, 가시떨기 밭, 옥토로 나눌 수 있습니다.

자기 의와 틀을 깨뜨려야 하는 길가 밭

사람들의 발에 밟혀 단단해진 길가 밭에는 씨가 심기지 않습니다. 뿌리를 내리지 못하니 햇볕에 타서 말라 죽거나 새가 와서 먹어 버립니다. 이런 마음 밭을 가진 사람은 강퍅하고 완고하여 진리를 들어도 마음 문을 열지 않으므로 하나님을 만날 수 없고 믿음을 갖지 못합니다.

살아오면서 입력한 지식, 가치관 등이 단단하게 굳어 있어서 하나님 말씀을 받아들이지 못하지요. '자기가 옳다'는 생각이 너무 강한 것입니다. 이런 의와 틀을 깨뜨리려면 자기 마음의 악을 먼저 깨뜨려야 합니다. 교만, 자존심, 고집, 거짓 등이 있으면 자기 의와 틀을 깨뜨리기가 어렵습니다. 이러한 악이 자꾸만 육신의 생각을 발동시켜서 말씀을 믿지 못하게 하는 것입니다.

예를 들어, 마음에 거짓을 많이 쌓아온 사람은 상대가 아무리 진실을 말해도 자꾸 의심이 틈탑니다. 로마서 8장 7절에 "육신의 생각은 하나님과 원수가 되나니 이는 하나님의 법에 굴복지 아니할 뿐 아니라 할 수도 없음이라" 한 대로 하나님 말씀에 아멘 하고 순종하지도 못합니다.

어떤 사람은 처음에는 매우 완고하지만 은혜를 받고 한 번 생각이 깨지면 그 누구보다 뜨겁게 신앙생활을 합니다. 이는 겉마음은 단단해도 마음 속 중심은 부드러운 경우입니다. 그런데 길가 밭은 이런 마음과는 다릅니다. 깊은 마음까지 단단하게 굳은 경우이지요. 겉은 단단한 것 같은데 속은 부드러운 마음을 얇은 얼음에 비유한다면 길가 밭은 속까지 두껍게 꽝꽝 얼어 있는 얼음이라 할 수 있습니다.

그래서 오랜 세월 동안 비진리로, 악으로 굳어진 길가 밭의 마음을 단기간에 완전히 깨뜨리기는 어렵습니다. 깨뜨리고 또 깨뜨리기를 반복하면서 지속적으로 개간 작업을 해 나가야 합니다. 하나님 말씀이 내 생각에 부딪힐 때마다 '과연 내 생각과 지식이 정말 옳은가?' 하고 스스로 궁구해 보아야 합니다. 또 하나님께서 은혜를 주실 수 있도록 열심히 선한 행함을 쌓아야 하지요.

가끔 저에게 믿음을 가질 수 있게 기도해 달라고 하시는 분들이 있습니다. 하나님의 권능을 보고, 수많은 말씀을 들어도 믿음이 안 온다고 하니 답답하기는 하지만 아무 노력도 하지 않는 것보다는 훨씬 낫지요. 길가 밭의 경우 본인의 노력도 중요하지만 가족이나 일꾼들이 끊임없이 기도해 주고 이끌어야 합니다. 그러면 어느 순간에는 마음에서 말씀의 씨가 싹을 틔우는 것입니다.

세상을 사랑하는 마음을 버려야 하는 돌밭

돌밭에 씨를 뿌리면 싹이 나더라도 돌멩이로 인해 잘 자라지 못하는 것처럼, 돌밭의 마음을 가진 사람은 말씀을 듣고 기뻐하며 은혜를 받지만 어떤 시험이나 환난, 핍박이 오면 넘어지고 맙니다.

또 은혜를 받을 때는 '하나님은 정말 살아 계시구나. 말씀대로 살아야겠다.' 하고 마음먹습니다. 뜨겁게 성령의 역사를 체험하는 경우도 있지요. 즉 마음 밭에 떨어진 말씀의 씨앗에서 싹이 난 것입니다. 이렇게 은혜를 받았는데도 막상 주일이 되어 교회에 가려고 하니 갈등이 생깁니다. 성령을 체험한 것이 분명한데도 '내가 그때 일시적으로 흥분했던 것은 아닌가?' 하고 의심하다가 다시 마음 문을 닫아버립니다.

어떤 사람은 그동안 즐기던 취미나 여가 생활을 끊는 것이 아쉬워서 주일을 어기기도 합니다. 충만하게 신앙생활 하다가 가족이나 직장 상사 등 주변에서 핍박하면 교회에 나오지 않는 경우도 있습니다. 큰 은혜를 받고 뜨겁게 신앙생활하는 듯하다가도 사람들과 걸려서 서운함을 품고 교회를 떠나는 사람도 있지요.

이처럼 말씀의 싹이 뿌리를 내리지 못하는 이유는 무엇일까요? 바로 마음 밭에 박혀 있는 '돌' 때문입니다. 돌은 쉽게 말해서 말씀에 순종하지 못하게 하는 마음의 비진리를 의미합니다. 많은 비진리 중에서도 특히, 돌처럼 단단해서 말씀의 싹이 뿌리를 내릴 수 없게 가로막는 것들을 가리킵니다. 구체적으로 말하면 '세상을 사랑하는 마음'이라고 할 수 있지요.

예를 들어, 마음에 세상 오락을 좋아하는 육의 속성이 있으면 '안식일을 거룩하게 지키라' 하신 말씀에 순종하기가 어렵습니다. 또 마음속에 '욕심'이라는 돌이 있는 사람은 하나님께 예물을 드리는 것이 너무 아까워서 교회에 나오지 않지요. 어떤 사람의 마음에는 '미움'이라는 돌이 깊숙이 자리 잡고 있어서 '사랑'이라는 씨앗이 뿌리 내리지 못합니다.

교회에 잘 다니는 사람 중에도 돌밭의 마음을 가진 경우가 있습니다. 모태신앙인으로서 어릴 때부터 하나님 말씀을 배웠는데도 말씀대로 살지 못합니다. 성령도 체험하고 때를 따라 은혜도 받지만 세상을 사랑하는 마음을 버리지 않습니다. 말씀을 들을 때는 '이렇게 살면 안 되는데…' 생각하지만 막상 세상으로 나가면 또 그 속에 젖어듭니다. 하나님께 한 발, 세상에 한 발을 두고 살아가지요. 들은 말씀이 있기 때문에 하나님을 떠나지는 않지만 여전히 마음속에 돌이 많아 말씀의 뿌리를 내리지 못하는 것입니다.

부분적으로만 돌밭인 사람도 있습니다. 어떤 사람은 성실하게 사명을 감당하고 충성하는데, 미움이 있어서 주변 사람과 사사건건 부딪칩니다. 어떤 사람은 수군수군하고 판단 정죄하며, 가는 곳마다 화평을 깨기 때문에 사랑의 열매, 온유의 열매 등이 맺히지 않습니다. 또 어떤 사람은 마음이 부드럽고 선해서 남을 잘 이해해 주는데 시간 약속을 잘 어기는 등 매사에 책임감이 부족하다는 말을 듣지요. 이렇게 부족한 부분을 발견해서 개간하면 신속하게 옥토로 변화될 수 있습니다.

그렇다면 돌밭의 마음은 어떻게 개간해야 할까요?

무엇보다 말씀대로 열심히 행해야 합니다. 어떤 성도가 "충성하라"는 말씀에 순종하여 사명을 맡아 충성해 나가는데, 쉽지만은 않습니다. 사명이 없을 때는 다른 사람들이 자신에게 맞춰 주었지만 이제는 자신이 다른 사람에게 맞춰야 합니다. 나름대로 노력하는데도 맞춰 주지 않는 사람과 일하면 자주 기분이 상합니다. 서운함, 혈기 등 좋지 않은 감정이 꿈틀꿈틀 올라옵니다. 점점 충만함이 사라지고 사명을 놓고 싶은 마음까지 듭니다.

이 사람에게는 '감정'이 바로 마음 밭에서 골라내야 할 '돌'입니다. 감정이라는 돌은 '미움'이라는 큰 돌에서 갈라져 나온 것입니다. "충성하라" 하신 말씀에 순종하려고 하니 마음에 있는 미움이라는 돌과 정면으로 부딪친 것이지요. 이렇게 발견했으면 미움이라는 돌을 집중 공략해서 골라내야 합니다. 그래야 "사랑하라", "화평하라" 하신 말씀에 순종할 수 있지요. 힘들다고 사명을 놓아버리는 것이 아니라 오히려 더 굳게 잡아 열심히 감당하면서 온유한 일꾼으로 변화되어야 합니다.

다음으로, 하나님 말씀을 행하면서 기도해야 합니다. 비가 내리면 흙이 촉촉하여 부드러워지듯이, 간절히 기도할 때 성령의 충만함을 받아 마음이 부드러워집니다. 그 순간을 놓치지 말고 비진리의 돌들을 주워내야 합니다. 순종하려고 해도 잘 안 되던 분야들을 은혜를 받는 즉시 행해야 하지요. 한 번 두 번 계속 행해 나가면 깊이 박힌 큰 돌도 흔들흔들하다가 결국 뽑혀 나옵니다. 하나님께서 주시는 은혜와 능력, 성령의 충만함이 덧입혀지면 자신의 의지로는 도저히 버릴 수 없었던 죄악도 버릴 수 있습니다.

세상 염려, 재리의 유혹으로 열매 맺지 못하는 가시떨기 밭

가시떨기 밭에 씨를 뿌리면 잘 자라다가 가시떨기로 인해 열매를 맺지 못하는 것처럼, 가시떨기 밭의 마음을 가진 사람은 말씀을 들으면 믿고 행하기는 하지만 온전하게 행하지 못합니다. 마음에 세상 염려와 재리 곧 재물이나 명예, 권세 등에 대한 탐심이 있기 때문입니다. 그래서 여전히 시험, 환난 속에 살아갑니다.

이런 사람은 주일을 지키면서도 집안일, 사업 걱정, 내일 출근할 걱정 등 육의 일들에 대한 염려가 끊임없이 밀려옵니다. 교회에 나와 예배를 드리면서 위로를 얻고 새 힘을 얻어야 하는데 근심만 더 늘어납니다. 그러면 아무리 교회에서 보낸다 해도 주일을 지킬 때 주시는 참 기쁨과 평안을 맛볼 수 없지요. 안식일을 거룩하게 지키면 영혼이 잘되고 영육 간에 복이 임할 텐데 이런 복이 온전히 임하지 않습니다. 마음에서 가시떨기를 걷어내고 말씀을 제대로 행해야 옥토로 개간할 수 있는 것입니다.

그러면 가시떨기 밭은 어떻게 개간해야 할까요?

마음 밭에서 가시떨기를 발견하여 뿌리째 뽑아버려야 합니다. 가시떨기는 '육신의 생각'이며, 그 뿌리는 마음의 악, 그리고 육을 의미합니다. 즉 마음에 있는 악과 육이 육신의 생각의 근원이라는 말이지요. 가시떨기의 가지만 쳐내면 뿌리에서 또다시 돋아납니다. 마찬가지로 아무리 '육신의 생각을 하지 말아야지' 마음먹어도 마음에 악이 있으면 뜻대로 되지 않습니다. 궁극적으로 마음에서 육을 뽑아버려야 하는 것입니다.

여러 뿌리 중에서 특히 '탐심'과 '교만'이라는 두 개의 큰 뿌리를 뽑아내면 마음에서 육이 많이 버려집니다. 탐심이 있기 때문에 세상에 얽매여 세상일을 염려하게 됩니다. 하나님의 말씀대로 산다고 하면서도 무엇이 더 유익이 되나 계산하고 따져서 자기 뜻대로 살아가지요. 또 교만이 있기 때문에 온전한 순종이 나오지 않습니다. '내가 할 수 있다'는 생각이 있기 때문에 자신의 지혜를 동원하고 육신의 생각을 좇아가는 것입니다. 그러므로 무엇보다도 '탐심'이라는 뿌리, '교만'이라는 뿌리를 뽑아내시기 바랍니다.

옥토의 마음을 이루어야

옥토는 땅이 고르고 비옥하여 씨를 뿌리면 싹이 자라 30배, 60배, 100배로 열매를 거두는 밭입니다. 이러한 마음 밭을 가진 사람은 길가 밭처럼 자기 의와 틀에 매여 단단하지 않고 여러 가지 돌이나 가시떨기가 없어 하나님 말씀이라면 오직 아멘과 예로 순종하기 때문에 매사에 풍성한 열매를 거둘 수 있습니다.

물론 사람의 마음을 자로 재듯이 길가 밭과 돌밭, 가시떨기 밭과 옥토로 구분하기는 어렵습니다. 혹 길가 밭에 돌밭과 같은 마음이 섞여 있기도 하고, 옥토와 같은 마음 밭을 가졌다 해도 성장하면서 돌멩이와 같은 비진리가 심어지기도 합니다. 어떠한 밭이든 부지런히 개간하면 옥토로 만들 수 있는 것처럼, 우리가 어떠한 마음 밭을 소유했느냐 하는 것보다 얼마나 부지런히 밭을 개간하느냐가 더욱 중요합니다.

아무리 거친 황무지라 할지라도 농부가 열심히 개간해 나가면 기름진 밭으로 변하는 것처럼, 사람의 마음도 하나님의 능력으로는 얼마든지 변화됩니다. 길가 밭처럼 단단하게 굳은 마음이라도 성령의 도우심을 받아 능히 개간할 수 있습니다.

물론 성령을 받았다 해서 저절로 마음이 변화되는 것은 아닙니다. 반드시 자신의 노력이 따라야 하지요. 쉬지 않고 불같이 기도하며 범사에 진리로 생각하고 진리로 말하며, 진리로 행해 나가려고 애써야 합니다. 몇 주, 몇 달 하다가 포기하는 것이 아니라 끝까지 굳은 의지로 마음을 지켜야 합니다.

이런 의지와 노력이 있을 때 하나님께서도 그것을 보시고 은혜와 능력을 주시며 성령님도 도와주시는 것입니다. 하나님의 은혜와 능력, 성령의 도우심 속에 하나하나 명심해서 고쳐나가면 1년 전과 비교했을 때 분명 달라진 모습을 발견하게될 것입니다. 말 한마디라도 진리를 좇아 선한 말을 내고, 생각도 선한 생각, 진리의 생각으로 바뀌었을 것입니다.

이렇게 마음을 옥토로 개간하는 만큼 자연히 다른 성령의 열매들도 맺습니다. 그러나 특별히 온유는 마음 밭을 개간하는 것과 더 밀접한 관련이 있습니다. 혈기, 미움, 시기, 욕심, 다툼, 들뜸, 자기 의 등 온갖 비진리를 뽑지 않으면 온유해질 수 없고, 뭇 영혼들이 그 마음에 깃들일 수 없지요.

그래서 온유는 다른 성령의 열매들보다도 더욱 성결과 직접적인 관계가 있는 것입니다. 영적인 온유함을 이루면 심는 대로 열매를 거두는 옥토처럼 구하는 것마다 속히 응답을 받습니다. 또 성령의 음성도 밝히 들을 수 있어서 범사에 형통하게 인도받는 것입니다.

온유한 사람이 받는 축복

몇백 명의 직원들을 이끌고 하나의 회사를 운영하는 것도 쉬운 일이 아닙니다. 투표를 통해 다수결로 한 단체의 대표가 되었다고 해서 그 단체를 쉽게 이끌어 갈 수 있는 것도 아니지요. 이처럼 많은 사람을 하나로 모아서 이끌어 가려면 반드시 영적인 온유로 사람의 마음을 살 수 있어야 합니다.

물론 세상에서 큰 권세를 가진 사람이나 부유하여 구제를 많이 하는 사람이 있으면 수많은 무리들이 붙좇는 것처럼 보입니다. 그러나 "재상 집 개가 죽었을 때는 조객이 저자를 이루어도 정작 재상이 죽으면 문전이 조용하다"는 속담처럼, 진정으로 덕이 있는지는 그 권세와 부를 잃어버린 후에 알 수 있지요. 부유하고 권세가 있을 때는 많은 사람들이 따르며 사랑하는 척하나 그의 권세가 추락하거나 하루아침에 빈털터리가 되면 끝까지 마음을 같이해 주는 사람을 찾아보기 어렵습니다.

하지만 덕 있는 사람은 부귀영화를 잃어버린 후에도 여전히 많은 사람들이 그 곁에 모여듭니다. 부와 권세로 어떤 유익을 얻기 위해서가 아니라 마음의 쉼을 얻고자 붙좇는 것이지요.

종종 교회에서 스무 명도 안 되는 구역원, 기관 회원들을 다 품지 못해서 힘들다 말하는 이들이 있습니다. 맡은 기관이나 구역을 부흥시키기 원한다면 먼저 자신이 솜털 같은 온유한 마음을 이루면 됩니다. 그럴 때 양 떼들이 그 마음 안에 깃들여 평안과 행복을 누리므로 부흥도 쉽게 이뤄지는 것입니다. 주의 종이나 영혼을 돌보는 직분자라면 더욱 온유하여 많은 영혼을 품을 수 있어야 합니다.

이러한 온유함을 이룰 때 받는 축복이 있습니다. 마태복음 5장 5절에 "온유한 자는 복이 있나니 저희가 땅을 기업으로 받을 것임이요" 말씀합니다. 앞서 언급한 대로, 땅을 기업으로 받는다는 것은, 이 세상에서 땅을 받는다는 의미가 아닙니다. 마음에 영적인 온유함을 이룬 만큼 천국에서 넓은 땅을 받는다는 뜻입니다. 이 땅에서 자기 안에 깃들였던 모든 영혼들을 다 초청하여 함께할 수 있을 만큼 큰 처소를 상급으로 받는다는 말입니다.

천국에서 그렇게 큰 처소를 얻었다면 그만큼 영화로운 지

위에 있다는 뜻도 됩니다. 이 세상에서 아무리 넓은 땅을 소유했다 해도 그것을 천국에 가지고 갈 수는 없습니다. 그러나 온유한 마음을 이루어서 받는 천국의 땅은 세세토록 사라지지 않는 자신의 기업입니다. 그 기업 안에서 주님과, 사랑하는 사람들과 함께 영원히 행복한 시간을 보낼 수 있지요.

그러므로 부지런히 마음을 개간하여 아름다운 온유의 열매를 맺어 모세와 같이 큰 그릇으로서 장차 천국에서 크고 넓은 땅을 기업으로 받으시기 바랍니다.

Chapter 10

절제

이기기를 다투는 자마다 모든 일에 절제하나니

저희는 썩을 면류관을 얻고자 하되

우리는 썩지 아니할 것을 얻고자 하노라

고린도전서 9:25

마라톤은 42.195km를 달려야 하는 육상 경기로 페이스를 잘 조절해야 결승점에 도착할 수 있습니다. 금방 끝나는 단거리 경기가 아니므로 선수들은 어느 한 구간만 빨리 달리거나 무조건 전력질주를 하는 것이 아닙니다. 전 코스 내내 흐트러짐 없이 달려야 하며, 적절한 지점에 이르면 더욱 힘을 내어 달리게 됩니다.

우리 인생도 마찬가지입니다. 한결같은 성실로 끝까지 달려가면서 자기와의 싸움에서 이겨야 승리할 수 있습니다. 더구나 영원한 천국에서 받을 영화로운 면류관을 바라보는 사람은 범사에 절제할 수 있어야 합니다.

삶의 모든 분야에 필요한 절제

세상에서도 절제하지 못하는 사람은 자기 삶을 어지럽게 만들고 큰 어려움까지 자초하는 것을 봅니다. 만일 외동아들이라 해서 부모가 절제하지 못하고 사랑을 과하게 주면 아들의 버릇을 망칩니다. 또 도박이나 향락에 빠진 사람들 중에는 끊어야 하는 것을 알면서도 절제하지 못하므로 결국 패가망신하는 경우도 있습니다. "마지막으로 딱 한 번만 하고 더 하지 않겠다."고 말하지만 그 한 번이 두 번, 세 번 계속 이어지는 것이지요.

중국의 역사소설 삼국지에 나오는 장수 중 장비는 정이 많고 용맹한 반면에, 워낙 성격이 급하고 난폭했습니다. 장비와 의형제를 맺은 유비나 관우 등이 볼 때에도 장비는 어디서 실수나 하지 않을까 늘 염려되는 사람이었습니다. 장비는 이들로부터 충고도 많이 받았지만 좀처럼 자신의 성품을 변화시키지 못했고, 결국 분내는 것이 도가 지나쳐서 큰 재앙을 당하고 말았습니다. 그는 아랫사람이 조금이라도 비위에 거슬리면 마구 채찍질하고 수치를 주었는데, 그중 억울하게 매맞은 두 사람이 원한을 품어 그를 암살한 뒤 적군에 투항해 버렸던 것입니다.

이처럼 분을 절제하지 못하는 사람은 가정에서나 직장에서 여러 사람에게 상처를 주고 원수를 맺기 쉬우며 형통한 삶을 영위하기가 어렵습니다. 그러나 지혜로운 사람들은 화를 낼 만한 상황에서도 오히려 자기 탓으로 돌리며 사랑으로 참아 줍니다. 크게 잘못을 범한 상대에게도 분과 감정을 절제하고 오히려 위로의 말로 그 마음을 녹여 버리지요. 바로 이것이 다른 사람의 마음을 사고 자신의 인생을 풍성하게 하는 지혜가 되는 것입니다.

하나님의 자녀로서 기본적으로 갖추어야 할 절제

그런데 하나님의 자녀로서 가장 기본적으로 죄를 버리기 위해서도 절제가 반드시 필요합니다. 절제의 힘이 약할수록 죄를 버리는 것이 어렵게 느껴집니다. 하나님의 말씀을 듣고 은혜를 받으면 이제 결단하여 변화되겠다고 굳게 다짐하지만 그것도 잠시 번번이 세상 유혹에 넘어가는 것입니다.

말의 분야만 봐도 그렇습니다. 하나님께 "거룩하고 온전한 입술이 되게 하소서."라고 기도하지만, 생활 속에서는 그 내용을 잊어버리고 구습을 좇아 말하고 싶은 대로 말합니다. 또 어떤 사람은 어려움을 당하거나 자기 생각에 맞지 않는 일을 보면 금세 불평 불만을 쏟아냅니다.

불평하고 나면 이내 후회하지만, 감정이 요동하는 그 순간을 참지 못하는 것입니다. 또 말하는 것을 워낙 좋아해서 한 번 시작하면 끝이 없는 사람도 있습니다. 해야 할 말, 해서는 안 될 말, 진리의 말, 비진리의 말을 가리지 못하니 그 안에서 실수가 많지요. 이렇게 입술을 제어하는 분야 하나만 보더라도 절제가 얼마나 중요한지 깨우칠 수 있습니다.

성령의 열매를 온전케 하는 절제

그런데 성령의 열매에 나오는 절제는 단순히 죄를 범하지 않고 절제하는 힘을 의미하는 것은 아닙니다. 성령의 열매에 나오는 '절제'는 다른 성령의 열매들이 온전해지도록 조절하는 역할을 하지요. 그래서 성령의 아홉 가지 열매의 시작은 사랑이지만 마지막은 절제입니다. 절제는 다른 열매에 비해 특성이 두드러지지 않지만 매우 중요합니다. 모든 것을 적당하게 조절하여 안정되게 하고 단단하게 지탱해 주지요. 절제의 열매가 있어야 모든 열매들이 온전해지기에 가장 마지막에 언급하신 것입니다.

가령, 희락의 열매가 맺혔다 해도 아무 때나 기쁨을 표현하는 것이 아닙니다. 장례식장에서 다른 사람들은 애곡하고 있는데 밝고 행복한 표정으로 웃고 있다면 주변 사람들이 뭐라 하겠습니까? 이런 사람을 보고 "희락의 열매가 맺혀서 은혜롭다." 말할 수는 없지요. 구원받은 기쁨이 아무리 충만하다 해도 상황에 맞게 절제도 할 수 있어야 성령의 열매인 희락이라 할 수 있는 것입니다.

충성을 할 때도 절제가 중요합니다. 특히 여러 사명을 맡으면 시간을 잘 배분하여 있어야 할 곳에 꼭 있어야 합니다. 또 아무리 은혜롭고 충만한 모임이라 해도 끝내야 할 시간에는 절제해서 끝내야 하지요. 이처럼 온 집에 충성을 하기 위해서도 절제의 열매가 함께 작용하는 것입니다.

사랑이나 화평, 자비, 양선, 그 밖의 열매들도 마찬가지입니다. 마음에 맺힌 성령의 열매가 행함으로 나타날 때 항상 성령의 음성과 주관을 좇아 가장 적절한 선을 지켜야 하지요. 어떤 일을 먼저 해야 할지, 나중에 해야 할지, 앞으로 나가야 할지, 뒤로 물러서야 할지 이러한 분별과 조절이 바로 절제의 열매를 통해 이뤄지는 것입니다.

어떤 사람에게 모든 성령의 열매가 온전히 맺혔다는 말은 결국 그가 "범사에 성령의 소욕을 좇아 온전히 행한다"는 말이 됩니다. 이렇게 성령의 소욕을 좇아 온전히 행하려면 반드시 절제의 열매가 맺혀야 하지요. 그래서 마지막 열매인 절제를 통해 모든 성령의 열매가 온전해진다고 하는 것입니다.

절제의 열매가 맺힐 때 나타나는 증거

절제의 열매는 마음에 임한 덕목들이 겉으로 드러날 때 모든 것을 질서와 조화 속에 어우러지게 하는 하나의 중재 기관과 같습니다. 주 안에서 좋은 것이라도 무조건 많이 취한다고 해서 항상 좋은 것이 아닙니다. 지나치면 부족한 것보다 못하다는 말도 있지요. 영적으로도 무엇이든 성령의 소욕을 좇아 가장 적당하게 해야 합니다.

그러면 지금부터 절제의 열매가 구체적으로 어떻게 나타나는지 살펴보겠습니다.

첫째, 항상 질서를 좇아 행합니다.

질서 속에서 자신의 위치를 분별하므로 자신이 나설 때와 나서지 않아야 할 때, 해야 할 말과 해서는 안 될 말을 압니다. 그러면 변론이나 다툼, 오해하는 일이 사라질 것입니다. 또한 격에 맞지 않는 일이나 분수에 지나는 일을 하지 않습니다. 예를 들어, 한 선교회의 회장이 총무에게 어떤 일을 지시했습니다. 그런데 총무가 열정이 넘치고 더 좋은 의견이 있다고 해서 임의로 일을 변경하여 추진했다고 합시다. 아무리 뜨거운 마음으로 충성했다 해도 결국 절제가 없으므로 질서를 어긴 것이 됩니다.

교회 안에 선교회의 회장, 부회장, 총무, 서기, 회계 등의 위치에서 질서를 좇아 행할 때 하나님께서 높은 점수를 주실 수 있습니다. 교회적인 차원에서, 혹은 선교회에서 머리 된 일꾼이 원하는 것과 자신이 하고자 하는 방법이 다를 수 있습니다. 이런 경우 자신의 생각이 아무리 좋아 보이고 부흥에 큰 도움이 될 것처럼 보여도 그렇게 해서 질서를 어기고 화평이 깨진다면 결코 좋은 열매를 낼 수 없습니다. 원수 마귀 사단에게 송사거리를 내주므로 하나님의 역사가 막히기 때문입니다. 비진리를 행하는 일이 아니라면 최대한 질서에 따라 전체를 생각하며 순종하고 화평할 때라야 모든 것이 물 흐르듯 아름답게 이뤄질 수 있습니다.

둘째, 진리를 행할 때도 대상과 시기, 장소 등을 고려할 줄 압니다.

부르짖어 기도하는 것은 좋은 일이지만 절제하지 못하고 아무데서나 부르짖어 기도한다면 오히려 하나님의 영광을 가릴 수 있습니다. 마찬가지로 전도나 심방을 할 때도 절제하여 대상에 따라 전할 말을 분별해야 합니다. 가령, 깊은 영적인 말씀을 깨우쳤다고 해서 아무에게나 전해서는 안 됩니다. 상대의 믿음의 분량에 맞지 않는 말을 전하면 오히려 상대는 충만함이 떨어질 수도 있고 판단 정죄하여 실족할 수도 있는 것입니다.

어떤 경우는 바쁜 사람을 붙잡고 자신이 깨달은 내용이나 은혜받은 체험을 장황하게 간증하는 사람도 있습니다. 아무리 좋은 내용이라 해도 상황에 맞게 절제하지 못하면 은혜를 끼치기가 어렵습니다. 상대가 실례를 범하지 않으려고 듣고 있다 해도 마음이 급하여 초조하니 간증이 제대로 귀에 들어올 리도 없지요.

다른 예를 들어, 한 교구나 선교회가 저에게 상담하러 왔는데, 어떤 성도가 개인 간증을 계속 한다면 어떻게 되겠습니까? 자신은 은혜와 충만함이 넘쳐서 하나님께 영광을 돌리지만, 결과적으로는 함께 온 분들의 시간을 혼자 쓰고 있으니 이 또한 절제가 없는 모습입니다. 저 역시 시간이 부족하여 전체에게 해야 할 말을 하지 못하니 안타깝지요. 따라서 내 편에서 아무리 좋은 일을 한다 해도 상대의 입장이나 여러 가지 상황을 살펴서 절제할 줄도 알아야 하는 것입니다.

셋째, 조급하지 않고 침착하며 일의 전후를 분별하여 대응합니다.

절제하지 못하는 사람은 성급하고 경솔합니다. 서두르다 보면 분별력이 흐려져서 중요한 일들을 빠뜨리기도 하지요. 섣불리 판단 정죄하여 다른 사람과 불편한 관계를 만들기도 합니다. 특히 상대의 말을 들을 때나 대답할 때 성급한 사람은 실수가 많습니다. 조급하게 내용을 끊지 말고 끝까지 들어서 상대의 말을 잘 파악해야 성급한 오해나 판단, 정죄가 없습니다. 더 나아가 그 말을 하는 상대의 의도까지 분별하여 대응할 수 있지요.

성령을 받기 전에 베드로는 성급하고 나서기 좋아하는 성품이었습니다. 예수님 앞에서는 많이 절제하는 편이었지만 그럼에도 불구하고 종종 그 성품이 드러났습니다. 예수님께서 십자가 사역을 앞두고 베드로에게 그가 예수님을 부인할 것을 말씀하셨습니다. 그러자 베드로는 절대 부인하지 않겠다며 곧장 반론을 합니다.

만약 베드로에게 절제의 열매가 맺혔다면 그 순간 떠오르는 대로 반론하기보다는 바른 대답이 무엇인지 분별하려고 했을 것입니다. 예수님이 무의미한 말씀을 하지 않으신다는 것을 안다면 먼저는 그 말씀을 명심하고, 그런 일이 일어나지 않도록 단단히 준비했어야 합니다. 이렇게 바른 대응을 할 수 있는 분별력이 바로 절제의 열매 속에서 나옵니다.

성경을 보면 유대인들은 민족적 자긍심이 높았고 스스로 하나님 말씀을 철저히 지킨다고 자부했습니다. 그런데 예수님께서 정치적, 종교적 지도자인 바리새인과 사두개인을 지적하며 책망하니 감정이 좋을 리 없습니다. 더욱이 예수님 자신이 하나님 아들이라 하자 하나님을 모독하는 일로 여겼지요. 그즈음 초막절이 다가옵니다. 초막절은 추수를 마칠 때에 초막을 짓고 그곳에서 출애굽 때를 회고하며 감사하는 절기이지요. 이때 백성들은 예루살렘 성전에 올라갑니다.

그런데 초막절이 다가와도 예수님이 예루살렘으로 떠날 생각을 하지 않자, 예수님의 형제들이 권합니다. 예루살렘에 가서 기적을 베풀고 사람들의 지지를 얻도록 널리 나타내라는 것입니다(요 7:3~5). 그러면서 '스스로 나타나기를 구하며 묻혀서 일하는 사람이 없다'며 적극 권합니다. 그 생각이 아무리 옳아 보여도 하나님 뜻에 맞지 않는다면 하나님과 상관이 없습니다. 예수님의 형제들도 자기 생각이 앞서니 잠잠히 때를 기다리는 예수님이 답답해 보인 것입니다.

만약 예수님께 절제가 없었더라면 당장 자신을 드러내기 위해 예루살렘으로 올라갔을 것입니다. 그러나 예수님은 형제들의 말에 요동하지 않고 오직 하나님의 섭리와 때를 기다리며 절제하신 것입니다. 형제들이 모두 예루살렘으로 떠난 뒤, 사람들의 눈에 띄지 않게 조용히 올라가셨지요. 가야 할 때와 머물러야 할 때를 정확히 알아 하나님께서 주관하시는 대로 행하신 것입니다.

절제의 열매를 맺으려면

사람들과 대화하다 보면, 말과 속마음이 다른 경우가 많습니다. 어떤 사람들은 자신의 허물을 가리기 위해 상대의 허물을 부각시키기도 합니다. 자기 욕심을 채우기 위해 어떤 것을 요청하면서 마치 다른 사람이 원해서 그러는 것처럼 말하는 경우도 있습니다. 하나님의 뜻을 알고자 질문하는 것 같지만 사실은 자기가 원하는 답을 얻기 위해 유도 심문을 하는 경우도 있지요. 그런데 이런 사람들과 차분히 대화해 보면 결국은 그 속마음이 드러납니다.

절제의 열매가 맺힌 사람은 상대의 말을 듣고 쉽게 요동하지 않습니다. 차분하게 상대의 말을 들을 수 있고 성령의 역사 속에 진실을 분별할 수 있지요. 이렇게 절제하고 분별하여 답변한다면 잘못된 판단으로 인한 실수가 많이 줄어듭니다. 그런 만큼 말에 무게가 실려서 상대에게 권세 있게 전달될 수 있습니다.

이처럼 중요한 절제의 열매를 맺으려면 우리가 구체적으로 어떻게 해야 할까요?

먼저, 변개함 없는 마음을 이루어야 합니다.

거짓이 없고 간사함이 없는 마음, 진실한 마음을 이루면 됩니다. 그러면 '내가 이렇게 해야겠다.' 생각할 때 그대로 행할 수 있는 힘이 생깁니다. 물론 이런 마음을 하루아침에 이룰 수 있는 것은 아닙니다. 작은 일 하나에서부터 마음을 지키는 훈련을 해 나가야 합니다.

어느 스승과 제자들 사이에 있었던 일입니다. 어느 날 스승과 제자들이 시장을 지나가고 있었습니다. 그런데 시장 사람들이 그들을 오해해서 시비가 붙게 되었지요. 제자들은 그 시비에 말려들어 이내 격분했으나 스승은 아무런 동요도 하지 않는 것입니다. 시장에서 돌아온 뒤, 스승은 벽장 안에서 자신을 근거 없이 비난한 내용이 담긴 편지 뭉치를 꺼내 제자들에게 보여 주었습니다.

그러면서 제자들에게 "나도 너희들과 같이 오해받는 것을 피할 도리가 없다. 그러나 오해를 받는다 해도 나는 그것을 전혀 개의치 않는다. 그렇게 함으로써 내게 다가오는 첫 번째 더러움은 어찌할 수 없더라도 두 번째 더러움을 뒤집어쓰는 어리석음은 면할 수 있다."라고 했습니다.

여기서 첫 번째 더러움은 다른 사람의 입에 오르내리는 것을 의미합니다. 또 두 번째 더러움이란 그런 일 때문에 서로 마음이 불편해서 시비를 가리고자 다투는 것을 의미하지요.

우리가 이런 마음을 가지게 된다면 큰 일에든 작은 일에든 쉽게 동요하지 않을 것입니다. 오히려 마음을 지킬 수 있으니 삶이 평안할 것입니다. 마음을 지킬 줄 아는 사람은 모든 것을 절제할 줄 알며 자신을 지킬 수 있기 때문입니다. 이렇게 미움, 시기, 질투 등의 모든 악을 버리고 진리로 마음을 채워 나가는 만큼 마음이 진리로 평안해질 수 있으며, 이런 마음을 지키는 만큼 더욱 하나님께 신뢰와 사랑을 받을 수 있습니다.

저는 어려서부터 부모님을 통해 작은 것부터 하나하나 배워 나갔기 때문에 목회하는 데 얼마나 수월한지 모릅니다. 말하는 습관이나 걸음걸이, 행동 양식까지 교육받으면서 마음을 지키며 절제하는 것이 저절로 터득된 것입니다. 한번 마음을 정했다면 자기 유익을 좇아 변개하지 말고 지켜 나가야 합니다. 이런 노력이 쌓이면 결국 정한 마음이 되고 절제의 능력도 생기지요.

다음으로, 범사에 자신이 앞서지 말고 성령의 소욕에 귀 기울이는 훈련을 해야 합니다.

하나님 말씀을 양식 삼은 만큼 성령께서는 그 진리를 통해 음성을 들려주십니다. 억울한 일을 당했다 해도 "용서하라, 사랑하라"는 성령의 음성이 먼저 들립니다. 그래서 "저 사람이 그럴 만한 이유가 있겠다. 대화로 오해를 풀어 주어야겠다."는 생각이 듭니다. 그러나 마음에 비진리가 많으면 사단의 음성이 들려옵니다. "그냥 두면 나를 우습게 볼 테니 단단히 혼을 내야겠다."는 생각이 먼저 떠오릅니다. 설령 성령의 음성을 듣는다 해도 악한 생각이 압도적이기 때문에 미세한 성령의 음성을 놓치는 것입니다.

그러므로 마음에 있는 비진리를 부지런히 버리고 하나님 말씀을 양식 삼아 나갈 때 성령의 음성을 들을 수 있습니다. 미세한 성령의 음성이라도 듣고 순종할 때 점점 더 밝히 들을 수 있습니다. 당장 내가 보기에 급한 것, 내가 보기에 좋은 것보다 먼저 성령의 음성을 들으려고 노력해야 하지요. 그리고 성령의 음성을 듣고 주관받은 대로 순종해서 행해야 하는 것입니다. 늘 성령의 소욕에 귀를 기울이며 순종해 나가는 훈련을 할수록 점점 더 세미한 것까지 분별할 수 있습니다. 이렇게 훈련이 될 때 늘 질서 가운데 조화롭게 행할 수 있지요.

어찌 보면 성령의 아홉 가지 열매 중에 절제가 특징이 가장 약한 것 같습니다. 그러나 모든 분야에 반드시 필요합니다. 마치 약방에 감초가 있어 모든 것을 조절해 주듯이 사랑, 희락, 화평, 오래 참음, 자비, 양선, 충성, 온유의 여덟 가지 열매를 조절해 주는 것이 바로 절제이지요. 뿐만 아니라 모든 성령의 열매가 절제를 통해 온전히 맺혀지기 때문에 마지막 절제가 중요한 것입니다.

이러한 성령의 열매 하나하나가 세상 어떤 보석보다 귀하고 아름답습니다. 성령의 열매를 맺으면 하나님께 구하는 것마다 응답받아 범사에 형통하고 보장받는 삶을 살 수 있지요. 어둔 세상에서 빛 된 권세와 능력을 행하여 하나님의 영광을 나타낼 수도 있습니다. 세상 어떤 보화보다 성령의 열매들을 더욱 사모하여 자신의 것을 삼으시기 바랍니다.

There Is No Law Against Such Things

Chapter 11
이 같은 것을 금지할 법이 없느니라

너희가 자유를 위하여 부르심을 입었으니
성령을 좇아 행하라
사랑으로 시작되는 성령의 아홉 가지 열매
이 같은 것을 금지할 법이 없느니라

오직 성령의 열매는

사랑과 희락과 화평과 오래 참음과

자비와 양선과 충성과 온유와 절제니

이 같은 것을 금지할 법이 없느니라

갈라디아서 5:22~23

사도 바울은 원래 철저한 유대교도로서 그리스도인들을 잡으러 다메섹으로 가던 중에 주님을 만나 회개하였습니다. 그동안 모세의 율법에 얽매여 예수 그리스도를 믿음으로 구원에 이르는 복음의 진리를 깨우치지 못하였지만 성령을 선물로 받은 후에는 성령의 인도하심을 따라 이방인의 선교에 앞장서게 됩니다.

성령의 아홉 가지 열매는 바울 서신 중에 하나인 갈라디아서 5장에 기록되어 있습니다. 당시 시대적 배경을 이해하면 갈라디아서가 기록된 이유는 물론, 그리스도인들이 성령의 열매를 맺는 것이 얼마나 중요한지 깨우칠 수 있습니다.

너희가 자유를 위하여 부르심을 입었으니

갈라디아 지방으로 제1차 전도 여행을 떠난 사도 바울은 바나바와 함께 유대인 회당에서 할례와 모세의 율법을 전한 것이 아니라 오직 예수 그리스도의 복음을 전했습니다. 따르는 표적으로 말씀을 확증하니 무수한 사람이 구원에 이르게 되었고 갈라디아 교회 성도들은 바울을 위해 눈이라도 빼 줄 정도로 그를 사랑하고 신뢰하였습니다(갈 4:15).

그런데 사도 바울이 제1차 전도 여행을 마치고 안디옥으로 돌아온 뒤, 교회에 문제가 생겼습니다. 어떤 사람들이 유대로부터 와서 이방인이라도 할례를 받지 않으면 구원을 얻을 수 없다고 가르치니 바울과 바나바와 저희 사이에 적지 않은 다툼과 변론이 일어난 것입니다. 이 문제에 대하여 안디옥 교회에서는 바나바와 바울을 예루살렘에 보내 사도들이 결정하도록 했습니다. 비단 안디옥 교회뿐 아니라 갈라디아 교회 등 이방인 선교에 있어 할례와 모세의 율법 문제가 정리되지 않으면 큰 걸림돌이 될 것임을 절감했기 때문입니다.

사도행전 15장에는 예루살렘 공의회 전후 장면이 자세히 나오는데, 당시 상황이 얼마나 심각했는지 짐작할 수 있습니다. 예루살렘에서는 예수님의 제자인 사도들과 장로, 교회 대표가 모여 팽팽한 의견 대립과 수렴 끝에 이방인들에게는 네 가지만 금하자는 결론을 내렸습니다. 그리고 이방인 선교의 중심지인 안디옥에 사람을 보내어 회의 결과를 전했습니다. 이방인에게도 유대인과 똑같이 모세의 율법을 지키게 하면 괴롭고 힘들기 때문에 누구든지 예수 그리스도를 믿음으로 구원에 이를 수 있도록 자유를 준 것입니다.

"사도와 장로 된 형제들은 안디옥과 수리아와 길리기아에 있는 이방인 형제들에게 문안하노라 들은즉 우리 가운데서 어떤 사람들이 우리의 시킨 것도 없이 나가서 말로 너희를 괴롭게 하고 마음을 혹하게 한다 하기로 사람을 택하여 우리 주 예수 그리스도의 이름을 위하여 생명을 아끼지 아니하는 자인 우리의 사랑하는 바나바와 바울과 함께 너희에게 보내기를 일치 가결하였노라 … 성령과 우리는 이 요긴한 것들 외에 아무 짐도 너희에게 지우지 아니하는 것이 가한 줄 알았노니 우상의 제물과 피와 목매어 죽인 것과 음행을 멀리할지니라 이에 스스로 삼가면 잘되리라 평안함을 원하노라"(행 15:23~29)

이러한 사도회의 결과가 이방인 교회에 전해졌음에도 불구하고 십자가의 도와 복음의 진리를 깨우치지 못한 사람들은 계속 이방인 교회에서 모세의 율법을 지켜야 한다고 가르쳤습니다. 심지어는 거짓 선지자들이 몰래 들어가 모세의 율법을 가르치지 않는 사도 바울을 비방하며 성도들을 요동케 했습니다.

갈라디아 교회에도 이런 일이 일어나자, 사도 바울은 편지를 보내 그리스도인의 진정한 자유에 대해 설명합니다. 철저히 모세의 율법을 지켰던 자신이 주님을 만나 성령의 인도하심으로 이방인의 사도가 된 간증과 함께 "너희가 성령을 받은 것은 율법의 행위로냐 듣고 믿음으로냐 … 성령으로 시작하였다가 이제는 육체로 마치겠느냐 … 너희에게 성령을 주시고 너희 가운데서 능력을 행하시는 이의 일이 율법의 행위에서냐 듣고 믿음에서냐" 하면서 복음의 진리에 대해 깨닫게 합니다.

또한 자신이 가르친 예수 그리스도의 복음은 하나님의 계시를 받은 것이기에 참이며, 이방인들이 복음을 듣고 몸에 할례를 하지 않아도 되는 이유는 마음에 할례하는 것이 더 중요하기 때문임을 강조하지요. 그래서 육체의 소욕과 성령의 소욕에 대해, 육체의 일과 성령의 열매에 대해 알려 주면서 복음의 진리로 얻은 자유를 어떻게 사용해야 할 것인지를 깨우쳐 줍니다.

성령을 좇아 행하라

그러면 하나님께서 모세의 율법을 주신 이유는 무엇일까요? 세상이 너무나 죄악으로 관영하여 사람이 죄를 짓고도 죄인 줄 모르기 때문입니다. 율법을 통해 무엇이 죄인 줄 알아 죄의 문제를 해결하고 하나님의 의에 이르게 하셨습니다. 하지만 율법의 행위로는 죄의 문제를 온전히 해결할 수 없기에 때가 이르매 예수 그리스도를 통해 믿음으로 하나님의 의에 이르게 하신 것입니다.

"그리스도께서 우리를 위하여 저주를 받은 바 되사 율법의 저주에서 우리를 속량하셨으니 기록된 바 나무에 달린 자마다 저주 아래 있는 자라 하였음이라 이는 그리스도 예수안에서 아브라함의 복이 이방인에게 미치게 하고 또 우리로하여금 믿음으로 말미암아 성령의 약속을 받게 하려 함이니라"(갈 3:13~14)

그렇다고 해서 율법이 폐하여진 것이 아닙니다. 예수님께서는 "내가 율법이나 선지자를 폐하러 온 줄로 생각지 말라 폐하러 온 것이 아니요 완전케 하려 함이로라 … 내가 너희에게이르노니 너희 의가 서기관과 바리새인보다 더 낫지 못하면결단코 천국에 들어가지 못하리라"(마 5:17~20) 말씀하셨기 때문입니다.

사도 바울은 갈라디아 교회 성도들에게 "나의 자녀들아너희 속에 그리스도의 형상을 이루기까지 다시 너희를 위하여해산하는 수고를 하노니" 하면서 결론적으로 "오직 서로 사랑으로 종노릇하라 온 율법은 네 이웃 사랑하기를 네 몸같이 하라 하신 한 말씀에 이루었나니 만일 서로 물고 먹으면피차 멸망할까 조심하라" 권면합니다.

그러면 성령받은 하나님의 자녀들이 서로 사랑으로 종노릇하면서 그리스도의 형상을 이루기 위해서는 어떻게 해야 할까요? 오직 성령을 좇아 행함으로 육체의 욕심을 이루지 않아야 합니다. 성령의 인도하심을 받아 성령의 아홉 가지 열매를 맺으면 주님의 마음을 닮아 이웃 사랑을 실천하며 그리스도의 형상을 이룰 수 있습니다.

우리가 아무 죄 없이 십자가에 달려 율법의 저주를 받은 예수 그리스도의 공로로 자유를 얻었으나 다시는 죄의 종이 되지 않으려면 성령의 열매를 맺어야 합니다. 혹여라도 이 자유로 인하여 다시 죄를 짓고 현저히 주님을 십자가에 못 박는 육체의 일을 행하면 천국을 유업으로 받을 수 없기 때문입니다. 반면에 성령을 좇아 행하며 성령의 열매를 맺으면 원수 마귀 사단이 건드리지 못하도록 하나님께서 지켜 주실 뿐 아니라 무엇이든지 구하는 대로 응답받을 수 있습니다.

"사랑하는 자들아 만일 우리 마음이 우리를 책망할 것이 없으면 하나님 앞에서 담대함을 얻고 무엇이든지 구하는 바를 그에게 받나니 이는 우리가 그의 계명들을 지키고 그 앞에서 기뻐하시는 것을 행함이라 그의 계명은 이것이니 곧 그 아들 예수 그리스도의 이름을 믿고 그가 우리에게 주신 계명대로 서로 사랑할 것이니라"(요일 3:21~23)

"하나님께로서 난 자마다 범죄치 아니하는 줄을 우리가 아노라 하나님께로서 나신 자가 저를 지키시매 악한 자가 저

를 만지지도 못하느니라"(요일 5:18)

오직 성령을 좇은 믿음, 사랑으로 역사하는 믿음으로 의롭다 하심을 얻어야 성령의 열매를 맺으며 그리스도인의 진정한 자유를 누릴 수 있습니다.

사랑으로 시작되는 성령의 아홉 가지 열매

성령의 아홉 가지 열매의 시작은 사랑입니다. 고린도전서 13장에 나온 사랑은 단지 사랑을 이루기 위한 것이지만, 성령의 열매 중에서 사랑은 차원 높은 의미로서, 무한대의 사랑이며 진정한 율법을 이룬 사랑입니다. 바로 하나님의 사랑이자 예수 그리스도의 사랑이며, 성령의 도우심으로 우리가 그 사랑을 받아 베풀 수 있는 희생이 포함된 사랑입니다.

우리 마음에 이런 사랑을 이룬 만큼 희락의 열매가 맺혀 어떠한 환경과 조건 속에서도 항상 기뻐하고 즐거워할 수 있습니다. 그럴 때 어느 누구와도 걸리지 않으며 화평의 열매가 맺힙니다. 하나님과의 화평은 물론 자신과의 화평, 모든 사람과의 화평을 이루다 보면 자연히 오래 참음의 열매가 맺히지요. 하나님께서 원하시는 것은 선과 진리 가운데서 참을 필요조차 없는 오래 참음입니다. 온전한 사랑이 임하면 어떠한 사람도 이해하고 품으며 아무런 감정이 없기 때문에 용서한다든지 참는다는 말 자체가 필요치 않습니다.

우리가 선으로 오래 참아 줄 때 자비의 열매가 맺혀 나갑니다. 이해할 수 없는 상대라 해도 선으로 참으면 자비를 베풀 수 있기 때문입니다. 상대가 상식 밖의 행동을 해도 그럴 수밖에 없는 처지를 헤아려 포용해 주지요.

자비의 열매가 맺힌 사람에게는 양선의 마음도 나타납니다. 오직 겸손한 마음으로 각각 자기보다 남을 낫게 여기고 자기 일을 돌아볼 뿐 아니라 다른 사람의 일에까지 마음을 쓰는 것입니다. 그러면서도 어느 누구와 다투지 않고 들레지 않습니다. 또한 상한 갈대와 같은 사람도 꺾어 버리지 않고, 꺼져 가는 심지처럼 영혼의 등불이 꺼져 가는 사람이라 해도 끝까지 포기하지 않는 주님의 마음이 되는 것입니다. 이런 양선의 열매가 맺히면 내 뜻을 주장하지 않고 온 집에 충성하며, 온유한 모습이 됩니다.

온유한 사람은 어느 누구에게도 걸림돌이 되지 않고 모든 사람과 더불어 화평할 수 있습니다. 매사에 악으로 판단하거나 정죄하지 않고 이해하고 포용하며 감싸 줄 수 있는 너그러운 마음을 가지고 있기 때문입니다.

이처럼 사랑, 희락, 화평, 오래 참음, 자비, 양선, 충성, 온유의 열매가 골고루 잘 맺히려면 반드시 절제가 있어야 합니다. 하나님 안에서는 모든 것이 풍성하면 좋지만 질서를 따라 하나님의 일을 아름답게 이루어야 하기 때문입니다. 아무리 좋은 것이라도 지나치지 않도록 절제하면서 성령의 뜻을 좇아서 행할 때 하나님께서는 모든 것을 합력하여 선을 이루십니다.

이 같은 것을 금지할 법이 없느니라

보혜사 성령은 하나님의 자녀가 진정한 자유와 행복을 누릴 수 있도록 진리 가운데 인도하십니다. 진정한 자유는 창조주 하나님을 섬기고 즐거워하는 삶을 방해하는 죄와 사단의 세력으로부터의 구원이며 하나님과 더불어 사귀는 삶의 행복입니다.

로마서 8장 2절에 "이는 그리스도 예수 안에 있는 생명의 성령의 법이 죄와 사망의 법에서 너를 해방하였음이라" 말씀하신 대로, 예수 그리스도를 마음으로 믿고 빛 가운데 행해야만 누릴 수 있는 자유입니다. 이 자유는 인간 스스로의 힘으로 성취할 수 있는 것이 아닙니다. 하나님의 은혜가 없이는 결코 얻을 수 없는 것이며, 우리가 믿음을 지키는 한 계속적으로 누릴 수 있는 축복입니다.

예수님께서도 요한복음 8장 32절에 "진리를 알지니 진리가 너희를 자유케 하리라" 말씀하셨습니다. 진리는 참이며 변함이 없는 것으로 우리에게 생명이 되고 영생의 길로 갈 수 있게 해 줍니다. 썩고 변질되는 것뿐인 세상에는 참된 진리가 없고 변함없는 하나님 말씀만이 진리입니다. 진리를 안다는 것은 하나님 말씀을 듣고 마음에 새기며 행함으로 나타내는 것을 뜻합니다.

그런데 진리를 행하는 것이 쉽지만은 않습니다. 하나님을 알지 못하던 때에 입력된 비진리들이 마음 안에 있어 진리대로 행하려는 것을 방해하기 때문입니다. 비진리를 좇고자 하는 육체의 법과 진리를 좇고자 하는 생명의 성령의 법이 싸우게 되는데(갈 5:17) 이것은 바로 진리의 자유함을 얻기 위한 싸움입니다. 이 싸움은 우리의 믿음이 견고하여 흔들림이 없는 반석에 서기까지 계속됩니다.

믿음의 반석에 서면 선한 싸움이 점점 쉬워지며, 악을 다 버리고 성결되면 마침내는 항상 진리대로만 행함으로 선한 싸움조차도 필요없이 진리의 자유함을 누릴 수 있습니다. 이처럼 성령의 인도하심을 받아 성령의 열매를 맺으면 누구도 진리의 자유함을 막을 수 없습니다.

"너희가 만일 성령의 인도하시는 바가 되면 율법 아래 있지 아니하리라 … 오직 성령의 열매는 사랑과 희락과 화평과 오래 참음과 자비와 양선과 충성과 온유와 절제니 이 같은 것을 금지할 법이 없느니라"(갈 5:18~23)

이처럼 축복의 문을 열 수 있는 열쇠와 같은 말씀이 바로 성령의 아홉 가지 열매입니다. 열쇠를 갖고만 있다고 해서 축복의 문이 저절로 열리는 것이 아닙니다. 직접 열쇠로 문을 열어야 내 것으로 삼을 수 있듯이 하나님 말씀도 그렇습니다. 아무리 많이 들었다 해도 그것은 내 것이 아닙니다. 말씀대로 행할 때 그 안에 담긴 복을 내 것으로 삼을 수 있지요.

마태복음 7장 21절에 "나더러 주여 주여 하는 자마다 천국에 다 들어갈 것이 아니요 다만 하늘에 계신 내 아버지의 뜻대로 행하는 자라야 들어가리라" 말씀하셨습니다. 야고보서 1장 25절에는 "자유하게 하는 온전한 율법을 들여다보고 있는 자는 듣고 잊어버리는 자가 아니요 실행하는 자니 이 사람이 그 행하는 일에 복을 받으리라" 말씀합니다.

우리가 하나님의 사랑과 축복을 받으려면 성령의 열매가 어떤 것인지 마음에 잘 새기고 말씀대로 행하여 아름답게 맺어 나가는 것이 중요합니다. 성령의 열매가 가득 맺히면 진리 안에서 참 자유를 누릴 뿐 아니라 성령의 음성을 밝히 듣고 성령의 인도를 섬세하게 받으므로 만사형통한 길을 갈 수 있습니다. 성령의 열매를 풍성히 맺어 이 땅에서 넘치는 축복을 받음은 물론, 신앙의 최종 목적지인 새 예루살렘에서도 해와 같이 빛나는 영광 가운데 거하시기를 주님의 이름으로 축원합니다.

이 같은 것을
금지할 법이 없느니라

초판 1쇄 발행 2013년 12월 25일

———

지은이   이재록
발행인   빈성남
편집인   빈금선

———

발행처   우림북
영업부   02-837-7632, 070-8240-2072
팩 스   02-869-1537

———

등록번호 164-11-01027

———

Copyright ⓒ 2019 우림북

———

값 6,000원

———

ISBN 978-89-7557-875-5 02230

우림

우림은 구약 시대에 대제사장이 하나님의 뜻을 묻기 위해 사용하던 판결 흉패이며,
히브리어로 '빛'이라는 의미가 있습니다(출애굽기 28:30).
빛은, 곧 하나님 말씀이며 생명입니다.
우림북은 온 누리에 참 빛을 비추고자 오늘도 기도와 정성으로 문서선교 사역에 앞장서고 있습니다.